致　谢

国家图书馆和中国残联信息中心在中国残疾人数字图书馆的建设中强强联合,共同致力于实现残疾人在公共文化获取方面的公益性、基本性、均等性和便利性。残疾人读者的积极参与,为本书研究提供了最为宝贵的第一手资料。社会各界也为中国残疾人数字图书馆及残疾人公共文化服务给予了极大的关注和支持。

在这里一并致谢!

国家图书馆文津出版基金资助项目

面向残疾人的数字图书馆服务

张　炜　著

國家圖書舘出版社

图书在版编目(CIP)数据

面向残疾人的数字图书馆服务 / 张炜著. —北京:国家图书馆出版社,2013.5
ISBN 978 - 7 - 5013 - 5044 - 5

Ⅰ.①面…　Ⅱ.①张…　Ⅲ.①残疾人图书馆—数字图书馆—图书馆服务—研究　Ⅳ.①G258.81 ②G250.76

中国版本图书馆 CIP 数据核字（2013）第 054914 号

责任编辑：高　爽

书名　面向残疾人的数字图书馆服务
著者　张　炜　著

出版　国家图书馆出版社(100034 北京市西城区文津街 7 号)
（原北京图书馆出版社）
发行　010 - 66114536　66126153　66151313　66175620
66121706(传真)　66126156（门市部）
E - mail　btsfxb@ nlc. gov. cn（邮购）
Website　www. nlcpress. com→投稿中心
经销　新华书店
印刷　北京科信印刷有限公司

开本　787 × 1092(毫米)　1/16
印张　10.25
版次　2013 年 5 月第 1 版　2013 年 5 月第 1 次印刷
字数　240(千字)

书号　ISBN 978 - 7 - 5013 - 5044 - 5
定价　48.00 元

目　录

前　言

目前,中国各类残疾人总数已超过 8296 万人,占全国总人口的比例为 6.34% ,并呈现出知识贫困的显著特点。在社会上,残疾人是一个数量众多、特性突出的弱势群体。对他们来说,如何获取知识、提高自身素质、平等地参与社会生活,既是生存问题又是发展问题。近年来,党和国家高度重视面向残疾人的信息文化服务,国务院《中国残疾人事业"十二五"发展纲要》明确指出:"今后五年是全面建设小康社会的关键时期,是深化改革开放、加快转变经济发展方式的攻坚时期,也是加快发展残疾人事业的重要时期。必须加快推进残疾人社会保障体系和服务体系建设,加快改善残疾人状况,不断缩小残疾人生活状况与社会平均水平的差距,努力使残疾人同全国人民一道向着更高水平的小康社会迈进。"这些纲领性文件纷纷出台,从制度上保证了残疾人平等参与社会生活、共享改革发展成果权利的实现。顺应国际发展趋势,进行无障碍建设无疑将成为政府今后工作的重点之一,并体现在城市建设、文化发展等方方面面。图书馆作为社会知识传播中心,承担着知识服务的重要职责,有责任利用有效的方式使残疾人士获得无差别的文化服务。以互联网这种新的社会交往方式为载体的残疾人数字图书馆建设,能够改善残疾人士与社会隔离的状况,是广大残疾人士平等参与社会生活的基本条件,也是建设和谐社会的一项重要内容。

采用何种资源形式和建设模式,如何创新服务方式一直是制约图书馆服务特殊群体的瓶颈。中国盲人数字图书馆的建成,对于构建无障碍的信息交流平台作出了有益探索,且对资源组织形式、信息读取方式的研究将进一步丰富和深化公共文化服务提供模式。这些都为中国残疾人数字图书馆的建设和服务提供了可资借鉴的经验。面向残疾人士的数字图书馆建设,一方面是建设和谐社会的本质体现,彰显了社会公平与正义;另一方面也将拓宽我国残疾人文化服务的渠道和空间,解决行业内部如何为特殊群体服务的难题。此举必将推动信息无障碍传递在公共文化共享领域的实践步伐,促进残疾人士文化事业的可持续发展,并产生深远的社会影响。这也是本书的重要意义和价值所在。

第一章 残疾人数字图书馆服务的概念界定

第一节 基本定义

一、残疾人的范围

中华人民共和国第十一届全国人民代表大会常务委员会第二次会议，于2008年4月24日修订通过的《中华人民共和国残疾人保障法》[1]第二条规定："残疾人是指在心理、生理、人体结构上，某种组织、功能丧失或者不正常，全部或者部分丧失以正常方式从事某种活动能力的人。残疾人包括视力残疾、听力残疾、言语残疾、肢体残疾、智力残疾、精神残疾、多重残疾和其他残疾的人。"

本书所提及的残疾人即包括上述规定所定义的人群。

二、数字图书馆定义

20世纪90年代以来，计算机技术、网络技术和信息处理技术迅猛发展，信息获取渠道随之发生变化，深刻地改变了人们的学习方式、工作方式、生活方式和思维方式。"信息高速公路"的建设，使人类社会快步进入一个前所未有的信息化社会。在此背景下，数字图书馆作为网络环境下一种新的信息资源组织与服务形式应运而生。

关于数字图书馆的定义众说纷纭，不同的机构和学者根据自己研究的需要对数字图书馆做出了多种不同的定义，至今未形成公认的定义。数字图书馆的概念源自美国。美国数字图书馆联盟（DLF）认为：数字图书馆是一个拥有专业人员等相关资源的组织，该组织对数字式资源进行挑选、组织、提供智能化存取、翻译、传播、保持其完整性和永存性等工作，从而使得这些数字式资源能够快速且经济地被特定的用户或群体所利用[2]。大英数字图书馆计划强调数字图书馆资料的数字化形式，认为：数字图书馆是通过使用数字化技术获取、存储、保护和提供信息与提供信息查询途径而被广泛认可的虚拟描述，而不论这些信息当初的出版形式如何[3]。ALA图书馆资源委员会定义数字图书馆：①数字化的或经过编码的资料集合，以便进行电子传输；②拥有或控制这种资料的组织或机构；③将提供利用电子信息、制定价格、提供查找帮助和保护版权限制的各现有机构联系起来的机构；④将各机构汇聚起来的联合体；⑤对所有资料进行扫描、输入和编码的图书馆，使全部馆藏可以在任何地方进行电子存取；⑥可以进行因特网存取和拥有光盘馆藏的图书馆[4]。美国研究图书馆协会（ARL）归纳出90年代前期流行的数字图书馆的各种定义中具有共性的五个一般要素：数字图书馆不是一个实体；数字图书馆需要技术连接许多图书馆的资源；数字图书馆与信息资源的联系对用户是透明的；普遍存取数字图书馆是最终目标；数字图书馆馆藏不限于文献代用品，还包括没有相应印本的数字制品[5]。DELOS将数字图书馆定义为：可能是一个虚拟的组织，它综合负责收集、管理和长期保存丰富的数字内容，并依据已有政策，向其用户群体提供相当品质的、针对数字内容的专门服务功能。

国内有关数字图书馆研究的起步要晚于国外发达国家，我国自1995年开始跟踪国际数字图书馆发展，经过十几年的探索和努力，已初步形成了完整的数字图书馆研究体系，并取得了可喜的实践成果。目前国内业界学者将数字图书馆定义为：数字图书馆是网络环境和数字环境下图书馆新的发展形态，它利用现代信息技术，对海量、分布、异构的数字资源进行整合，形成有序的整体，通过各种媒体提供友好、高效的服务，使人们随时随地获取信息和知识。它具有海量资源规模、有序资源内容、多媒体服务、高度共享平台的特点。本书也正是基于国内专家对数字图书馆的定位进而开展相关论述。

三、数字图书馆服务

随着信息技术的迅速发展和数字信息资源的大量涌现，数字图书馆应运而生。数字图书馆是传统图书馆功能在网上的延伸，它使传统图书馆的信息服务产生了质的飞跃。数字图书馆提供的服务不仅包括传统图书馆服务在数字环境中的实现，如在线阅读与下载、电子文献传递、离线阅读与打印，以及以网站服务形式提供的服务，如浏览、查询、最新信息报道服务等；它还是可以提供包括信息库、教育环境、参考服务、个性化服务等在内的服务平台。数字图书馆服务应是集成服务，即以用户为中心、以现代信息技术为支撑、以个性化为特征的集成服务模式。以用户为中心是图书馆服务的出发点和归宿点，是图书馆服务的核心和根本。以现代信息技术为支撑，是数字图书馆提供服务的技术保障。以个性化为特征，是凭借现代信息技术，充分以用户为中心的具体表现。所以数字图书馆的服务与传统图书馆服务相比，具有其独特性。

（1）提供数字化内容

数字环境下，图书馆的藏书由传统的纸张文献资源，逐渐向数字化为特征的网络、多媒体、光盘等信息资源转化。各种载体形式的原始信息通过数字化技术转化为数字形式，并利用计算机网络和多媒体技术统一存储、传输和管理。光盘和网络发布的电子文献使图书馆网络信息服务大大扩展，为图书馆的馆藏建设带来新的变化。数字图书馆的资源不再局限于自身的馆藏文献，还包括那些通过网络采集到的信息资源，极大丰富了数字图书馆的馆藏资源，并为提供多层次、多类型、全方位的文献信息服务，使读者从计算机网络服务系统中，获得更多的知识和信息。

（2）用户范围更广泛

传统图书馆读者服务的对象以到馆和本地区内的读者群体为主，服务对象有限。而数字图书馆的服务，读者将借助计算机、手机、电视等多种终端形式，利用互联网、广电网、电信网，打破时间和空间界限，任何人、任何时间、任何地点，读者都可以利用图书馆的信息资源。数字图书馆的服务对象已经扩展到开放的整个社会群体，其服务对象的信息需求也从面向某个单一的图书馆而转向整个数字图书馆服务体系。

（3）服务手段网络化

信息资源和服务以各种网络为通道进行传输，是数字图书馆的重要特征，高速且高效的数字网络为信息服务带来了崭新的变革。数字资源的传递与共享、个性化数字信息推送、数字阅读方式培养与培训、个性化读者服务定制、各项业务工作宣传与推广等，使图书馆与读者、图书馆与图书馆之间、读者与读者之间实现基于网络的互动交流。

（4）提供新型知识化整合

现代技术的发展，使图书馆从信息中心扩展为知识中心，与其他网络环境下信息获取渠道不同,数字图书馆提供的内容将是经过知识加工和组织的。数字图书馆将实现由文献提供向知识提供的转变,其服务不再是以文献借阅、普通咨询为主的浅层次服务,通过智能重组使知识增值,提供个性化主动服务将成为数字图书馆的主流服务。在资源整合上,建立统一的数字资源加工平台,实现多种类型元数据(描述型元数据、管理型元数据、结构型元数据等)的加工处理,并建立各种类型元数据的关联;建立数字资源元数据和对象数据的关联,为数字资源的检索、发布与服务、长期保存提供支撑,使经过整序和智能重组加工后的信息内核——知识,让更多人获益。

(5)实现资源共建共享

数字图书馆是在网络环境下运行的一个超大型信息系统,以资源共建共享方式,将通过数字化加工、网络采集、联合采购、版权征集等方式加工的内容,在遵循同一标准与规范的基础上进行资源的互联,从而建设一个超大型的内容丰富、类型多样、体系完整、组织有序的数字资源服务体系。

(6)实现主动推送服务

数字图书馆将成为数字化信息服务的中间提供者。首先,数字图书馆利用自身网站,将丰富的馆藏信息展现在读者面前,向分布在世界各地的读者提供信息服务;其次,通过网络以及方便快捷的搜索引擎,引导读者查找世界各地的数字化信息资源;再次,数字图书馆所提供的信息内容不再局限于目录、文摘等,而是多方位地提供全文信息浏览、数据软件下载、音视频点播等多媒体信息服务。此外,数字图书馆还通过电话、手机、电子邮件等方式提供专门信息咨询服务。数字图书馆是一个将收藏、服务、用户集成一体的一个环境,支持数字化信息的整个生命周期的活动,包括生成、发布、传播、利用和保存。它提供的服务是主动型的,随时发布和传播各种信息资源的消息,并不断地、主动地为读者提供所需的各种信息资源,提供导航和个性化服务。由此,图书馆的服务模式就由被动式转变为主动式服务。

(7)服务终端多元化

物联网、语义网、云计算、数据挖掘、知识组织等新兴技术的快速发展,使用户的信息获取渠道与阅读方式呈多样化发展态势。据 2012 年 CNNIC 发布的《第 29 次中国互联网络发展状况统计报告》[6]显示,截至 2011 年 12 月底,我国网民人数达 5.13 亿,互联网普及率攀升至 38.3%;手机网民规模达到 3.56 亿,我国搜索引擎用户规模达到 4.07 亿,网络音乐用户达到 3.86 亿,网络视频用户达到 3.25 亿,微博用户达到 2.5 亿。从 2012 年广电蓝皮书《2012 中国广播电影电视发展报告》[7]中可以发现,2011 年全国数字电视用户已突破 1 亿户。手机的普及、电子阅读器的推出,以及电信运营商、数字传媒机构等在数字内容制作方面的力度,使各种数字阅读更易让普通人接触,并且将会以更快的发展势头融入人们的生活。截至 2011 年底,国民数字化阅读方式的接触率达 38.6%,网络在线阅读、手机阅读、电子阅读器阅读、光盘读取等数字化阅读方式的接触率呈逐渐上升趋势,其中 29.9% 的国民进行过网络在线阅读,27.6% 的国民进行过手机阅读。数字图书馆正是借助这些新型终端形式,为用户提供随时随身的个性化服务。其中,计算机对残疾人的影响要远远大于对普通人。针对残疾人的网络化服务,将成为数字图书馆特殊服务的新的增长点。

第二节　需求调研

保障残障人士文化权利,推进无障碍阅读环境建设是图书馆义不容辞的工作。作为建设和谐社会的一项重要内容,其目标就是要使全社会所有的人,包括残障人士、老年人和儿童,在信息获取和使用上享有均等机会。为了切实知晓残疾读者的实际需求,从而改进服务质量,我们专门制作了"中国残疾人数字图书馆读者需求调查问卷"(见附录一)和针对残联领导的"中国残疾人数字图书馆调查问卷"(见附录二)。

一、面向普通残疾读者的调研

旨在了解以网络为代表的新媒体阅读方式在读者间产生的影响,同时对读者所需资源进行准确定位,以便在此基础上决定资源范围、提供方式、组织形式等后续问题。

1. 调查方法及样本量

调查方法:采取定向调查方式,将问卷分发给长春大学特殊教育学院的视障、听障大学生,结合自助填写和帮助问答的形式完成调查。问卷以多选题为主,开放式问题为辅,目的在于给读者留下足够的表达空间。

样本量:50 人。

2. 调研结果及分析

(1)样本特征:学历和职业

本次调查挑选的是长春大学特殊教育学院针灸推拿和艺术设计专业的本科生,其中包括视障和听障两类人群。由于样本群体自身具有较高的学历,且其年龄特征易于接受新鲜事物,所以便于我们展开深度调查。

(2)网络浏览时间和兴趣所在

问卷中第 3、4 题是调查被访者每天进行网络浏览的时间和兴趣(其中第 4 题为多选题),结果如下:

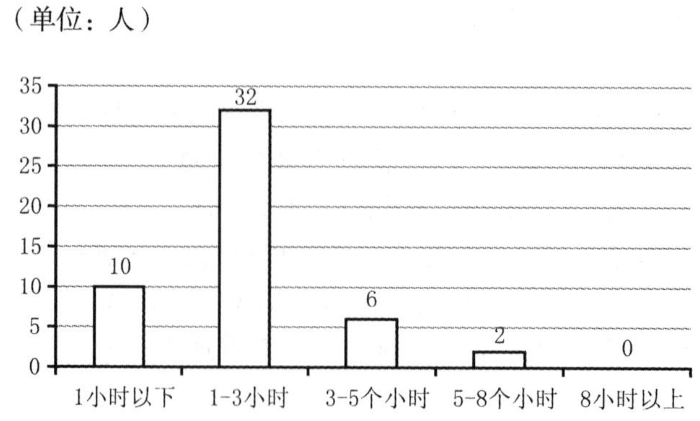

图 1-1　被访者每天用于网络浏览的时间

从图 1 - 1 得知，每天花费 1—3 小时上网的被访者占到了被访人数的 64%，由此看出，残疾人士对于网络存在一定的依赖和需求，网络已成为其获得知识和信息的重要渠道；同时，与普通人相比，残疾人士的上网时长相对较短，也从另一个角度说明互联网远没有达到无障碍的标准要求，信息障碍成为其从网络获得资源的阻碍。

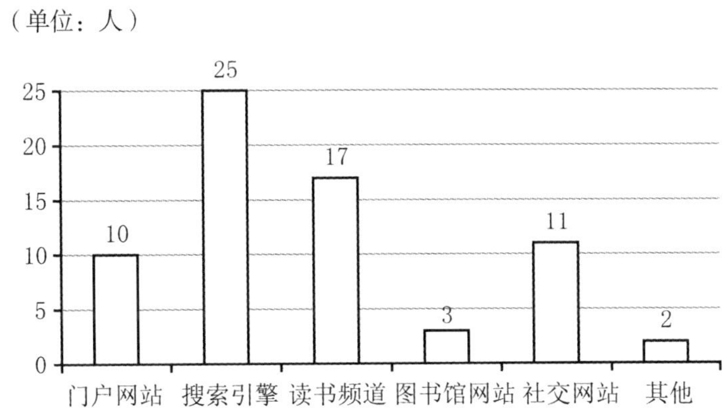

图 1 - 2　被访者浏览网站的兴趣分布

图 1 - 2 表明，被访者的浏览兴趣多集中于搜索引擎、读书频道、社交网站和门户网站。由此我们可以得出以下结论：残疾人士对搜索引擎和门户网站的关注多半是受获取大容量资讯的兴趣驱动，关注读书频道说明他们渴望获得更多的阅读乐趣，对社交网站的关注源于与外界交流沟通的期盼。与普通人群相比，残疾人士对于信息、资源的渴求更加强烈，我们应该从资讯、书籍方面更好地满足他们的需求。

另外，“其他”选项中有读者填写了“美术网站”和“土豆优酷”，据此，我们可以考虑今后在资源的选取上，挑选一些艺术相关的图片，增加更多视频文件，以满足部分读者需求。

(3) 现有网络阅读和传统图书馆服务的瓶颈

第 5、6 题调查了传统读书频道和到馆服务的不足之处，结果如下：

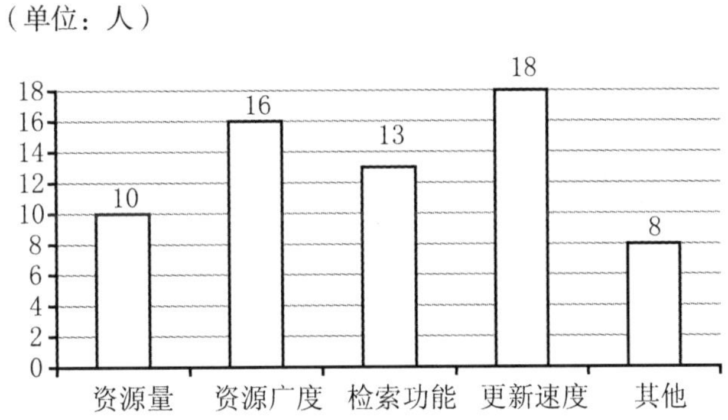

图 1 - 3　被访者认为传统读书频道应改进的地方

图 1－3 表明，传统读书频道在更新速度、资源覆盖面、检索功能、资源量四个方面的劣势分布较平均，存在不同程度的不足。在“其他”选项中，读者反映比较多的问题有“缺少书签功能”、“很多书需付费，专业类书籍尤其如此”、“网站不支持读屏软件，不符合无障碍设计”、“时事评论类书籍少”。这些问题也反映出目前国内大多数读书频道的现状，表明建立一个集合权威性、完善性、公益性的残疾人数字图书馆是非常必要的。

我们应参考以上问题，对中国残疾人数字图书馆网站功能进行改进，有则保留，无则添加。

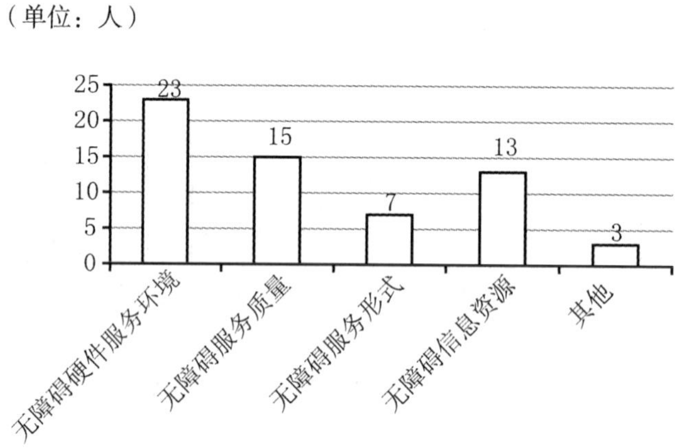

图 1－4　到馆服务需改进之处

图 1－4 表明，残疾读者对到馆服务的意见主要集中于硬件服务环境、服务质量和资源，共占 83%。由于各地图书馆情况各有差异，硬件条件的改善不能一蹴而就，因此加快发展信息无障碍才是更快捷的途径。同时，到馆服务应该与信息服务结合起来，相互促进，信息无障碍的一部分研究成果有赖于落地化，才能有效地服务残疾读者。

(4) 无障碍服务形式和资源统计

第 7、8 题主要调查被访者对无障碍服务形式和资源的喜好，结果如下：

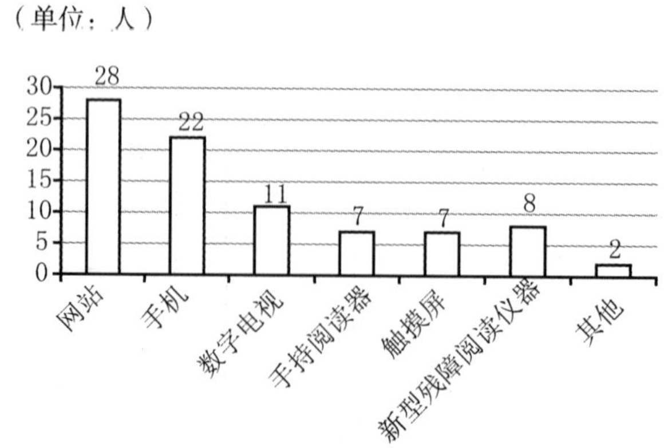

图 1－5　被访者希望采用的无障碍形式

由图 1－5 可以清晰地看出，网站和手机已成为残疾人士公认的信息无障碍形式。继续丰富和改进残疾人数字图书馆网站建设，将成为我们今后的首要目标，手机作为被访者呼声较高的新媒体终端，也将成为重点推进的技术革新手段。调查显示，残障大学生已经接触到多种无障碍终端媒体，但是对于数字电视等其他无障碍形式了解不深。今后，我们将开拓新型无障碍服务渠道，并将其推介至残疾读者身边。

有读者提出疑问："通过手机，能否获得免费阅读资源?"由此可见，新媒体公益阅读应成为我们努力的方向，其间涉及的细节还需要进一步落实。

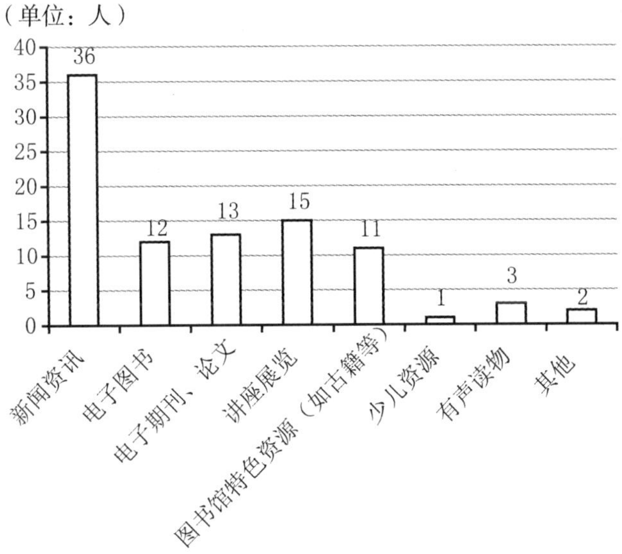

图 1－6　被访者感兴趣的无障碍数字资源类型

由图 1－6 可见，新闻资讯对残疾大学生的吸引度遥遥领先于电子图书类资源。结合图 1－9可知，被访者更关注新闻资讯中残障相关信息，譬如就业信息、国内外残障发展动向、残疾人文化信息等。今后网站可注重多搜集添加此方面的信息。如果手机可以实现信息无障碍服务，新闻资讯或许可以发挥更大的作用。

电子图书、期刊论文、讲座展览、图书馆特色资源（如古籍等）排名基本持平，说明残疾大学生这个群体对较高端数字资源有所需求，我们也应相应地调整数字资源供给。调查中我们发现，被访大学生查找论文只知道用百度，根本没有接触过 CNKI 这样的知名期刊搜索引擎，这不能不说是一个遗憾，因此电子期刊论文数据库的无障碍化也应成为今后的一个发展趋势。

被访视障读者普遍表示，市面上发行的有声读物内容虽丰富，但语速太慢，不适应盲人的听力节奏，所以对这方面的需求不明显。除此之外，被访听障读者还期望看到艺术类资源。

（5）网站服务资源分析

第 9、10、11 题调查网站资源兴趣度，结果如下：

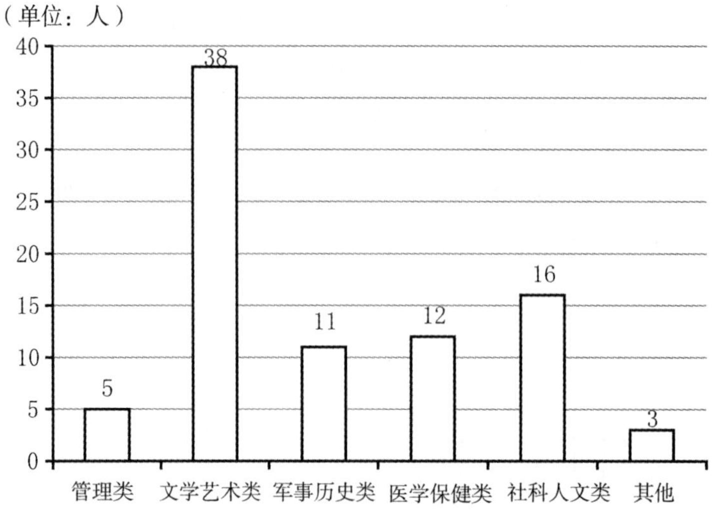

图 1－7　被访者感兴趣的电子书内容

由图 1－7 可以清晰地看出，首先，文学艺术类以绝对优势占据兴趣榜首位；其次，社科人文类、医学保健类、军事历史类。有部分被访者特意注明了人物传记、古代医书两种类别。可在今后的资源挑选中偏重以上类别，迎合读者的阅读习惯。

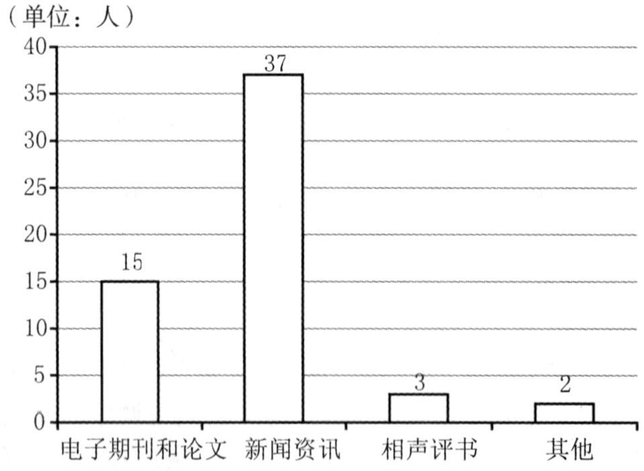

图 1－8　被访者感兴趣的网站其他资源类型

由图 1－8 可以得出以下结论：新闻资讯在网站资源的兴趣排行依然是首位，占到 65%，因此将成为网站关注的重点之一。

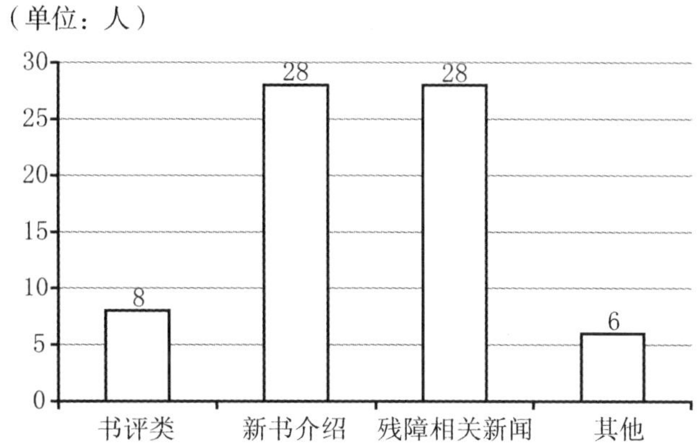

图 1－9　被访者感兴趣的新闻资讯类别

图 1－9 显示出以下信息:残疾大学生更注重残障相关新闻以及新书简介,这些切身相关的资讯,对于书评等较学术的信息需求量小。网站可以在新书介绍方面下些工夫。

(6)新型网站服务形式

第 12 题调查被访者对哪些在线读书活动感兴趣,结果如下:

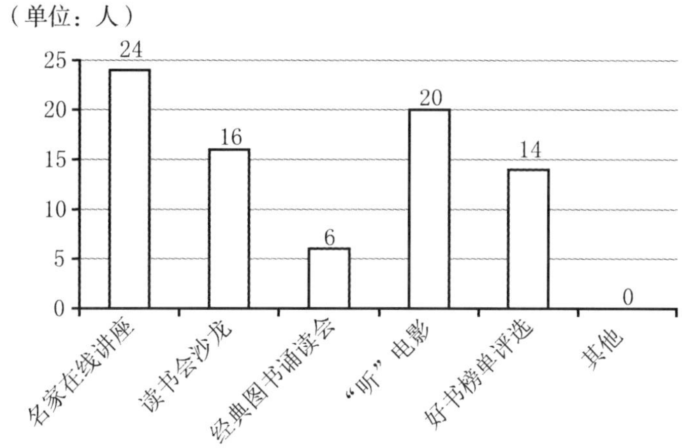

图 1－10　被访者感兴趣的在线读书活动类型

图 1－10 表明,残疾大学生对在线读书活动有很大热情,对名家在线讲座、“听”电影、读书会沙龙、好书榜单评选表现出兴趣。其中,不少读者反映,对文学类、励志类名家讲座感兴趣,也愿意就一本书的读后感发表自己的看法,我们今后可以在这方面参考其建议。

(7)网站无障碍组织结构设置

第 13 题调查被访者对无障碍网站设置的个性化需求,结果如下:

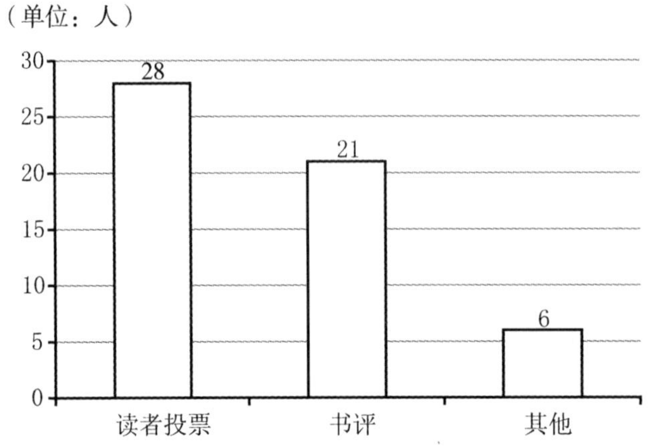

图 1－11　被访者对无障碍网站的个性化需求

从图 1－11 可看出，被访者重视读者投票和书评的设置，表明他们愿意通过投票，评论选出自己认为的好书，以此达到互动的目的，我们应该在网站改进时考虑这一要求。

被访者表示，希望设置收藏夹来保存书目。这点中国盲人数字图书馆网站已有考虑，设置了“历史阅读记录”，帮助读者保存。另外，被访视障读者认为网站有过多图片会对阅读造成障碍，即使有图片说明，这一障碍仍会存在，对此，我们可以尽量减少无意义的图片。

(8)意见与建议

第 14、15 题为开放题，分别征求了读者对于改进无障碍阅读的意见和建议以及对中国残疾人数字图书馆工作开展的想法和要求，现归纳总结如下。

①读者对改进无障碍阅读的意见和建议：

A、网站设立聋人工作信息栏目，提供法律依据，听、看、说等多种资源都能找到。

B、使用过中国盲人数字图书馆，希望在此基础上让操作更加快捷便利(视障读者)。

C、网站资源多添加一些艺术大师的作品，以及绘画方面的书籍。

D、网站多选择励志书、表现残疾人奋发图强的书籍或者残疾画家的绘画作品，以此激励中国的残疾人奋进，展现自己的才华。

E、添加网站 BBS，让残疾读者有互相了解的平台，通过 BBS 交流读书心得和新鲜资讯。

②读者对中国残疾人数字图书馆工作的想法和要求：

A、电视、手机、互联网等新媒体对聋人无障碍，在此领域享受国家对残疾人的优惠政策，最好做到手机免费上网。盲人“看”得到的，我们聋人都要能“听”到。

B、首先保证到馆交流无障碍，进一步优化无障碍服务环境。(听障读者)

C、视频加配字幕。

还有多位读者表示，“你们做哪方面工作，我们都支持”。

3. 小结

调查显示，以网络为代表的新媒体终端，成为残障人士获得信息与知识的重要窗口，其中，上网阅读在网络浏览中占了很大比重。然而包括互联网在内，信息无障碍程度仍然不高，不能满足残障人士的使用需求。因此，创建残疾人专属的数字图书馆是十分必要而迫切的。

根据残障读者的需要，今后，我们应当加强新闻资讯、书籍方面的供给和更新，还需要拓宽信息无障碍服务渠道，开发手机、数字电视等终端形式，与技术公司进行细节沟通，促成运作公益化。加快期刊论文、图书馆特色资源的无障碍改造，争取早日让其服务残障读者。此外，还要加大讲座展览和某些特定类别书籍的供给，举办多种类型的在线读书活动，调动读者的互动性和参与热情。

二、面向残联官员的调研

调查旨在从资源范围、性质及提供模式等角度为中国残疾人数字图书馆建设提供理论依据。问卷共分为两部分，一为对现有中国盲人数字图书馆的评价，二为针对在建的中国残疾人数字图书馆的意见和建议。

1. 调查方法及样本量

本次调查是针对特定人群进行的重点调查，共取样 10 份。

2. 调研结果与分析

(1)被访者对中国盲人数字图书馆网站的使用情况

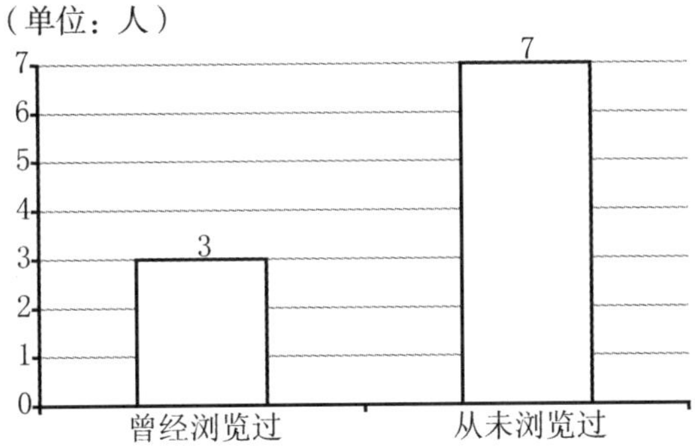

图 1－12　残联官员对盲人数字图书馆网站的使用情况

如图 1－12 所示，中国盲人数字图书馆在受访者中的普及率尚待提高。

(2)受访者对中国盲人数字图书馆网站现有结构的看法

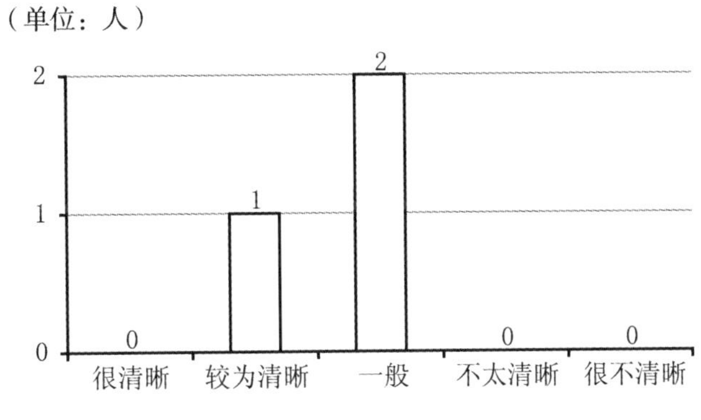

图 1－13　残联官员对盲人数字图书馆网站结构满意度

此项是针对受访者中曾经浏览过中国盲人数字图书馆网站的群体进行的调查。如图1－13所示，三位受访者中，一位认为该网站结构较为清晰，基本适合残障读者使用；另外两位则认为一般。结果显示，目前中国盲人数字图书馆网站的结构还需进一步调整，使之更适合残障读者使用。

（3）受访者对中国盲人数字图书馆现有资源的看法

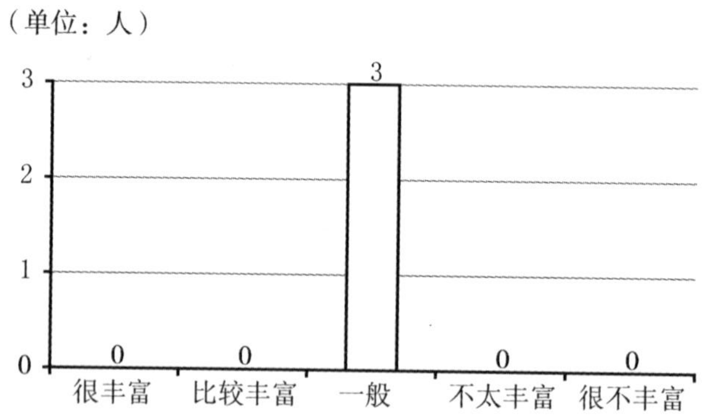

图1－14　残联官员对盲人数字图书馆网站满意度

此项是针对受访者中曾经浏览过中国盲人数字图书馆网站的群体进行的调查。如图1－14所示，三位受访者均认为网站资源丰富程度一般，基本满足残障读者需求。结果表明，受访者认为中国盲人数字图书馆网站现有资源并不足以完全满足残障读者的知识需求，有待于进一步扩充知识与信息容量。

（4）中国盲人数字图书馆网站不足

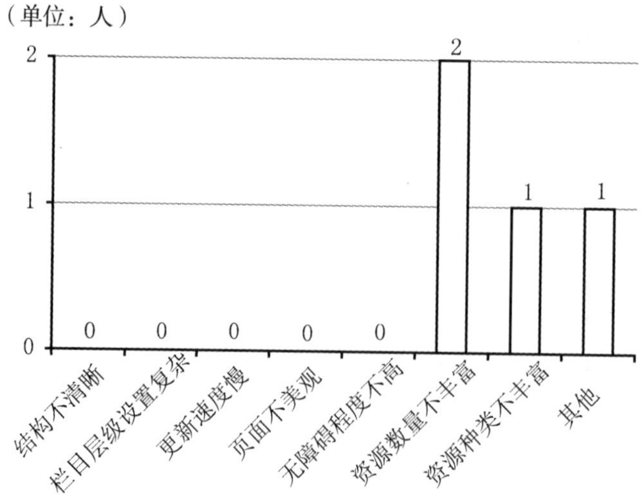

图1－15　盲人数字图书馆网站当前存在的不足

此项是针对受访者中曾经浏览过中国盲人数字图书馆网站的群体进行的调查。如图 1 - 15 所示,受访者在浏览目前网站时感到的不足之处主要集中在资源类型和数量上,在下一阶段的建设中应注重资源数量和种类的进一步扩充。

(5)受访者认为中国残疾人数字图书馆应提供的内容

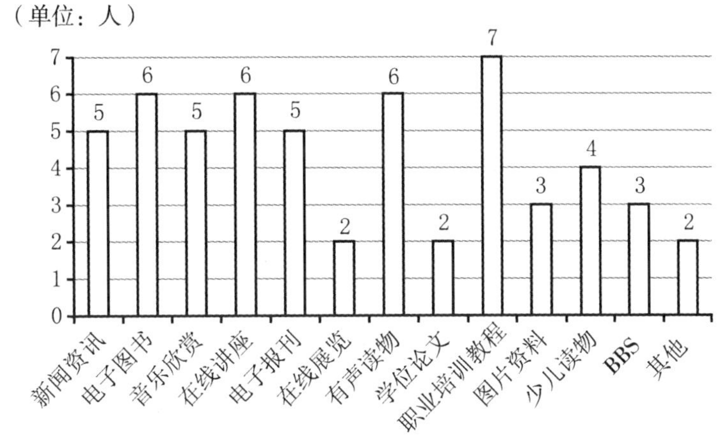

图 1 - 16　残联官员对盲人数字图书馆网站的内容建议

如图 1 - 16 所示,受访者对资源内容的需求呈现出多样化的显著特点,其中新闻资讯、电子报刊、有声读物、在线讲座,尤其是职业培训教程,特别受到被访者的重视。

(6)受访者认为残障读者最需要的资源类别

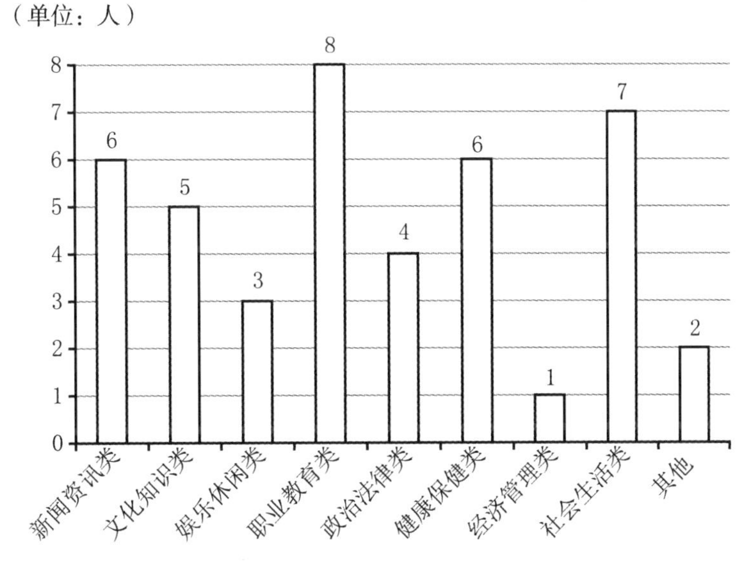

图 1 - 17　网站内容需求度

如图 1－17 所示,受访者对新闻资讯、文化知识、职业教育、健康保健以及社会生活类的资源呈现出很高的需求度。

图 1－16 及图 1－17 的调查结果,显示出残障读者对于资源的需求具备显著的丰富性、多样性特点。

(7)残疾人数字图书馆应采取的服务方式

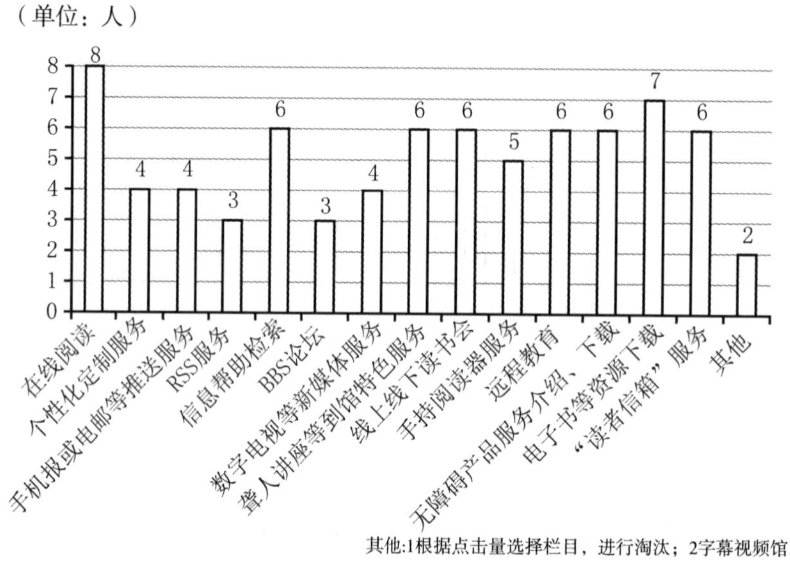

图 1－18　残联官员对盲人数字图书馆网站服务方式的建议

如图 1－18 所示,数字图书馆中传统的服务方式,如在线阅读、信息帮助检索等,同近年来崛起的新媒体服务等同样受到了受访者的重视。在残疾人数字图书馆的建设过程中需要提供多种服务方式,才能满足读者需求。

(8)残疾人数字图书馆应符合的无障碍要求

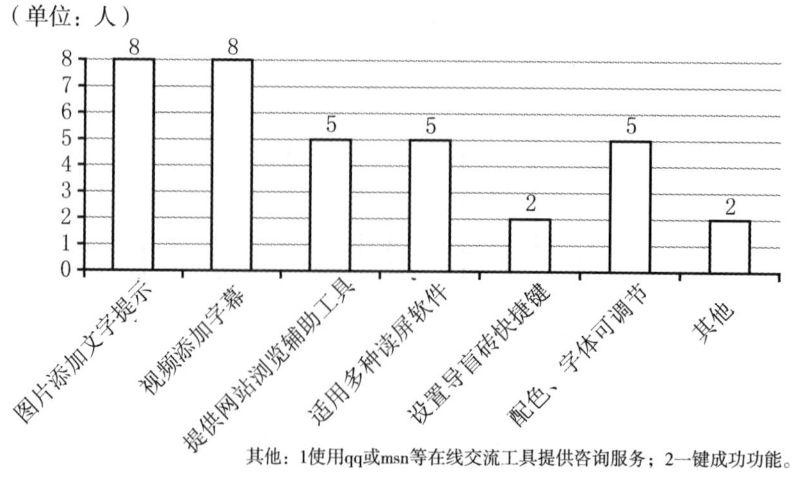

图 1－19　残联官员认为网站应采取的无障碍手段

如图 1－19 所示，针对盲人及聋人的无障碍技术手段是受访者最为关注的点，并需考虑到个性化需求，网站配色字体的可调节性也很关键。

(9) 为扩大残疾人数字图书馆的影响力应采取的推广方式

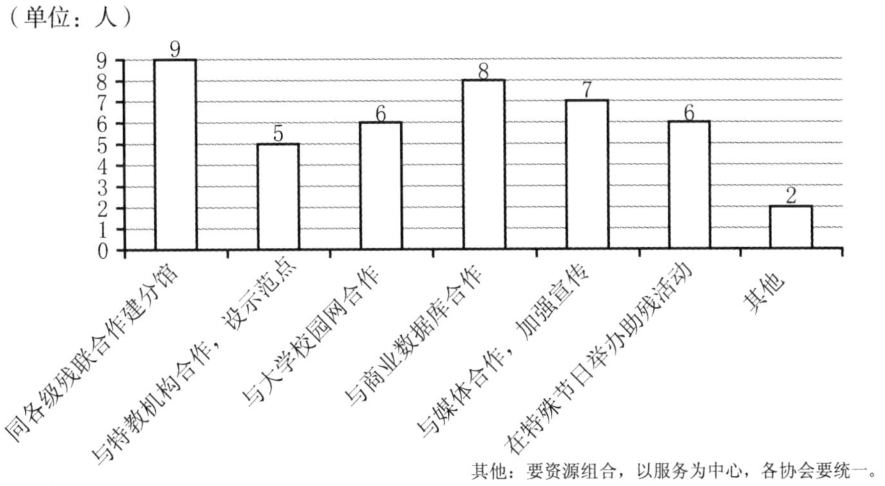

图 1－20　残疾人数字图书馆可采取的推广方式

如图 1－20 所示，受访者多认为在残疾人数字图书馆建设过程中，应与各级残联积极协作，调动一切可利用的资源与时机进行宣传推广。

(10) 残疾人数字图书馆是否需要为不同类别残疾人设置专门入口

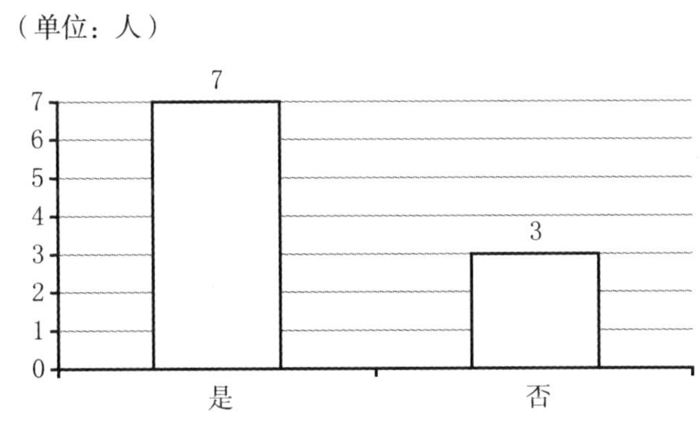

图 1－21　残疾人数字图书馆是否应设置不同入口

如图 1－21 所示，七成受访者认为需要为不同类别残疾人设置专门入口，仅三成受访者认为没有必要明确划分类型。

(11)残疾人数字图书馆网站还可以采取的新技术支持

共有2位受访的残联官员对这一问题进行了回答：

①应该开发语音编辑系统，用于多音字的强制纠正读音，避免盲人因读屏软件误读而导致理解错误。

②应该应用数据挖掘技术，为残疾人深入利用各类数据资源提供技术支持。

如结果所示，残疾人数字图书馆在利用先进的计算机网络技术提供服务的同时，也要考虑到这些软件本身的弊病所在，并通过进一步的研发，避免使用中的种种困难。

(12)对在建的中国残疾人数字图书馆网站的其他意见和建议

共有3位受访的残联官员对这一问题进行了回答：

①希望普及面更广一些，办成开放的、互动的、助残的。

②希望它能够对全社会开放，在服务好残疾人的同时也是让社会更多更进一步了解残疾人，同时让残疾人的亲朋登录也是间接地服务了残疾人。

③以前很多经典影视限于当时历史条件，都没有字幕。希望建立一个加配字幕的影视数据库；各类期刊网、会议及论文网均有残疾人相关内容，但很分散零碎，且要收费才能阅读，建议收集汇总免费供注册的残疾人查阅的资料。

如结果所示，受访者认为残疾人数字图书馆应更具开放性。值得注意的是，把残疾人的亲朋也容纳进服务对象群体，值得思考探索。

(13)残疾人联合会可以为中国残疾人数字图书馆提供的合作

共有4位受访的残联官员对这一问题进行了回答：

①残联重要会议、活动、资料以及政策都能够在中国残疾人数字图书馆网站上被读到；残联提供培训并对重度残疾人捐赠电脑，切实让残疾人能够通过残疾人数字图书馆网站受益。

②残联各方面的工作都可以同残疾人数字图书馆合作，如数据收集、提供、组织推广、宣传。

③资金支持，政策支持，活动合作，宣传推广。

④提供经费、志愿者、政策导向等方面的合作与指导。

如结果所示，受访者认为与残联的合作应该全方位开展，在宣传推广、协助培训等方面尤其需要加强合作。

第三节　法律依据

一、《中华人民共和国残疾人保障法》(2008年7月1日实施)[8]

第三条　残疾人在政治、经济、文化、社会和家庭生活等方面享有同其他公民平等的权利。

第四条　国家采取辅助方法和扶持措施，对残疾人给予特别扶助，减轻或者消除残疾影响和外界障碍，保障残疾人权利的实现。

第七条　全社会应当发扬人道主义精神，理解、尊重、关心、帮助残疾人，支持残疾人事业。

第四十三条　政府和社会采取下列措施，丰富残疾人的精神文化生活：

(一)通过广播、电影、电视、报刊、图书、网络等形式，及时宣传报道残疾人的工作、生活等情况，为残疾人服务；

（二）组织和扶持盲文读物、盲人有声读物及其他残疾人读物的编写和出版，根据盲人的实际需要，在公共图书馆设立盲文读物、盲人有声读物图书室；

（三）开办电视手语节目，开办残疾人专题广播栏目，推进电视栏目、影视作品加配字幕、解说；

（四）组织和扶持残疾人开展群众性文化、体育、娱乐活动，举办特殊艺术演出和残疾人体育运动会，参加国际性比赛和交流；

（五）文化、体育、娱乐和其他公共活动场所，为残疾人提供方便和照顾。有计划地兴办残疾人活动场所。

二、《中华人民共和国著作权法》[9]

第二十二条　在下列情况下使用作品，可以不经著作权人许可，不向其支付报酬，但应当指明作者姓名、作品名称，并且不得侵犯著作权人依照本法享有的其他权利：

……

（十二）将已经发表的作品改成盲文出版。

……

三、《信息网络传播权保护条例》[10]

第六条　通过信息网络提供他人作品，属于下列情形的，可以不经著作权人许可，不向其支付报酬：

……

（六）不以营利为目的，以盲人能够感知的独特方式向盲人提供已经发表的文字作品

……

四、《公共文化体育设施条例》[11]

第十二条　公共文化体育设施的设计，应当符合实用、安全、科学、美观等要求，并采取无障碍措施，方便残疾人使用。具体设计规范由国务院建设行政主管部门会同国务院文化行政主管部门、体育行政主管部门制定。

第二十一条　需要收取费用的公共文化体育设施管理单位，应当根据设施的功能、特点对学生、老年人、残疾人等免费或者优惠开放，具体办法由省、自治区、直辖市制定。

五、《国务院办公厅转发中国残联等部门和单位关于加快推进残疾人社会保障体系和服务体系建设指导意见的通知》（国办发〔2010〕19号）[12]

（七）发展残疾人文化体育服务，丰富残疾人精神文化生活。鼓励残疾人广泛参与基层文化体育活动，特殊教育学校、残疾人专门协会、社区残疾人组织要积极开展残疾人群众性文化体育活动，文化信息资源共享、流动舞台车、全民健身等政府重点文化体育工程要有为残疾人服务的内容。加强各级残疾人文化艺术组织和团体建设，鼓励残疾人参与文化艺术创作。

图书馆、博物馆、体育场馆、群众艺术馆、文化馆和乡镇综合文化站、社区文化中心（街道文化站）等公共文化体育设施免费向残疾人开放，并为残疾人参加文化体育活动提供便利；有条件的公共图书馆设立盲文和盲人有声读物阅览室。加强盲文出版和文化资讯建设，加大对盲

文、盲人有声读物、残疾人题材的图书、音像制品出版等的扶持力度。各地电台、电视台积极创造条件，开设残疾人专题节目和手语节目，影视作品和节目要加配字幕。

六、《普通高等学校图书馆规程(修订)》[13]

第十九条　高等学校图书馆应保护读者合法、公平地利用图书馆的权利。应为残疾人等特殊读者利用图书馆提供便利。

七、《北京市图书馆条例》[14]

第二十三条　图书馆应当为读者利用文献信息资源创造便利条件，为老年人、残疾人提供方便。

八、《北京市图书馆条例实施办法》(2010 年 3 月实施)[15]

第二十五条　公共图书馆应当建设无障碍设施，为残疾人提供方便。有条件的，应当开设残疾人阅览室。

九、2011 年国家《十二五规划纲要》[16]

在第十篇“传承创新 推动文化大发展大繁荣”第四十四章“繁荣发展文化事业和文化产业”的第一节“大力发展文化事业”中规定：

增强公共文化产品和服务供给。公共博物馆、图书馆、文化馆、纪念馆、美术馆等公共文化设施免费向社会开放。鼓励扶持少数民族文化产品创作生产。注重满足残疾人等特殊人群的公共文化服务需求。建立健全公共文化服务体系。以农村基层和中西部地区为重点，继续实施文化惠民工程。改善农村文化基础设施，支持老少边穷地区建设和改造文化服务网络。完善城市社区文化设施，促进基层文化资源整合和综合利用。广泛开展群众性文化活动。加强重要新闻媒体建设，重视互联网等新兴媒体建设、运用、管理，把握正确舆论导向，提高传播能力。加强文物、历史文化名城名镇名村、非物质文化遗产和自然遗产保护，拓展文化遗产传承利用途径。依法推进语言文字工作。建立国家文化艺术荣誉制度。

十、2011 年《关于推进全国美术馆公共图书馆文化馆(站)免费开放工作的意见》[17]

2011 年 1 月 26 日，文化部财政部联合下发的《关于推进全国美术馆公共图书馆文化馆(站)免费开放工作的意见》(文财务发〔2011〕5 号)在“五、美术馆、公共图书馆、文化馆免费开放的保障机制”中的“(四)加强管理，拓展服务领域”中作了如下规定：

要根据群众的需求，结合公共文化事业特点和本地本单位实际，整合业务流程，合理调配资源，改善服务效能。不断拓展服务领域、方式和手段，提供更加人性化的服务设施和服务项目，努力强化文化的感染力和辐射力，最大限度地缓解因免费开放带来的供需矛盾。要尊重和贴近服务对象的文化需求，在实现均等普惠的公共服务基础上，逐步增设多样化服务，重点增加对未成年人、老年人、农民工等特殊人群的对象化服务。

十一、《中共中央 国务院关于促进残疾人事业发展的意见》(中发[2008]7 号 2008 年 3 月 28 日)[18]

第四部分促进残疾人全面发展

（十二）繁荣残疾人文化体育事业。组织残疾人开展形式多样、健康有益的群众性文化、艺术、娱乐活动，丰富残疾人精神文化生活，激发残疾人参与社会主义先进文化建设的热情和潜能。扶持残疾人文化艺术产品生产和盲人读物出版等公益性文化事业。发展残疾人特殊艺术，培养优秀特殊艺术人才。落实全民健身计划，开展残疾人群众性体育健身活动，增强体质、康复身心。开展残疾人体育科研和体育教育。实行公共文化、体育设施对残疾人优惠开放。开展残奥、特奥、聋奥运动，举办和参加国内外重大残疾人体育赛事。办好2008年北京残奥会和2010年广州亚洲残运会。

第五部分改善对残疾人的服务

（十三）健全残疾人服务体系。针对残疾人特殊性、多样性、类别化的服务需求，建立健全以专业机构为骨干、社区为基础、家庭邻里为依托，以生活照料、医疗卫生、康复、社会保障、教育、就业、文化体育、维权为主要内容的残疾人服务体系。公共服务机构要为残疾人提供优先优惠的服务。残疾人专业服务机构要改善条件，完善功能，规范管理，扩大受益面，提高服务水平。研究制定残疾人服务领域的国家和行业标准，完善行业管理政策，加强对残疾人服务的支持引导和监督管理。

（十四）加快无障碍建设和改造。制定、完善并严格执行有关无障碍建设的法律法规、设计规范和行业标准。新建改建城市道路、建筑物等必须建设规范的无障碍设施，已经建成的要加快无障碍改造。小城镇、农村地区逐步推行无障碍建设。加快推进与残疾人日常生活密切相关的住宅、社区、学校、福利机构、公共服务场所和设施的无障碍建设和改造，有条件的地方要对贫困残疾人家庭住宅无障碍改造提供资助。交通运输、铁路及城市公共交通要加大无障碍建设和改造力度。公共交通工具要配置无障碍设备，完善残疾人驾驶机动车的有关规定和管理办法，公共停车区要优先设置残疾人专用停车泊位。切实加强无障碍设施设备的管理和维护。积极推进信息和交流无障碍，公共机构要提供语音、文字提示、盲文、手语等无障碍服务，影视作品和节目要加配字幕，网络、电子信息和通信产品要方便残疾人使用。

（十五）发展残疾人服务业。依托社区开展为重度残疾人、智力残疾人、精神残疾人、老年残疾人等提供生活照料、康复养护、技能培养、文化娱乐、体育健身等公益性、综合性服务项目，推广"阳光之家"经验。鼓励发展残疾人居家服务，有条件的地方建立残疾人居家服务补贴制度。积极培育专门面向残疾人服务的社会组织，通过民办公助、政府补贴、政府购买服务等多种方式，鼓励各类组织、企业和个人建设残疾人服务设施，发展残疾人服务业。残疾人综合服务设施及康复、医疗卫生、教育、就业服务、托养、文化体育等服务设施建设要纳入城乡公益性建设项目，给予重点扶持，并适当向中西部地区和农村地区倾斜。鼓励和支持残疾人服务领域的科技研究、引进、应用和创新，提高信息化水平，扶持残疾人辅助技术和辅助器具研发、生产和推广，促进相关产业发展。

第四节　服务界定

联合国将信息无障碍定义为："信息无障碍是指信息的获取和使用对于不同的人群应有平等的机会和差异不大的成本。"同时，联合国还具体列出了信息无障碍概念涵盖的四类人群：

（1）身体机能丧失或弱化，已经在日常生活工作中对信息使用产生影响的人群；

(2)信息手段使用习惯和通常信息系统设置有差异的人群；

(3)文化习惯和周边信息系统环境有明显差异的人群；

(4)信息使用能力或周边环境条件和通常信息使用环境条件存在差异的人群。

网络信息无障碍是指任何人(无论健康人还是残疾人，无论年轻人还是老年人)都能访问、理解、操作网站，并能与网站进行交互，而不论用户使用何种设备配置、网络连接方式、浏览工具和上网辅助技术。

国内外信息无障碍服务都还处于发展的初始阶段,或者说还不符合严格意义上的信息无障碍服务。有待开发与研究的包括:①信息无障碍技术尚无国家标准。针对不同残障人士信息服务无障碍有哪些标准或规范,使相关的软硬件平台相互兼容的研究刻不容缓。②残疾人定位导航系统。这个系统提供城市各个建筑、街道的无障碍设施建设情况，向残疾人用户详细地介绍哪个街道、哪个建筑适合轮椅行走，可以让自己与普通人一样行动自如，以及通过什么样的途径可以到达那里。这可以大大增加肢残者的外出信心和外出活动几率，让他们轻松享受这个社会所带来的各种成果。③馆藏语音化。根据残疾人的特殊信息需求，有针对性得把馆藏资源语音化，让盲人可以通过网络听图书。也可与移动、电台联合推出定制服务，通过手机、收音机等终端设备，收听图书馆的图书。④语音识别技术。为了解决聋哑人对音频资料的需求而开发的语音自动识别技术,此技术可以同步把语音转换为文字,把教师的授课随堂记录下来。⑤网站设计无障碍。在数字图书馆建设中如何实现网站的无障碍,让所有人都可以平等地享受这个社会所带来的物质精神文明。⑥专用搜索引、报纸期刊阅读下载服务、书籍借阅等软件。

开发相关的信息无障碍服务的相关设备:屏幕阅读器、屏幕放大软件、语音合成软件、头盔式点击设备、电子触摸屏、盲文输出设备、文本浏览器。

针对残疾人的数字图书馆服务,应紧密围绕残疾人读者的实际需求,在充分调查研究的基础上,完成资源定位研究、面向残疾人的数字图书馆技术指南和建设标准研究,加强了信息无障碍技术手段的开发与应用。在数字资源建设方面,构建内容丰富、形式多样、无障碍的、分级分布式残疾人公共文化服务数字资源保障体系。在网络体系建设方面,依托数字图书馆的虚拟网络,基本形成覆盖全国省、市、县的,跨行业、跨地区的残疾人数字图书馆服务体系。在信息服务提供方面,为广大残疾人提供丰富灵活、类型多样的数字图书馆服务,使图书馆服务的覆盖范围由图书馆物理空间扩展到互联网、手机、电视等新媒体终端,为广大残疾人提供切实符合其需要的个性化服务,从而改善残疾人文化生活状况。

参考文献

[1][8]《中华人民共和国残疾人保障法》[EB/OL].[2011-10-08]. http://www.gov.cn/jrzg/2008-04/24/content_953439.htm.

[2]数字图书馆[EB/OL].[2011-10-08]. http://baike.baidu.com/view/8181.htm.

[3]张德. 国外数字图书馆发展综述[J]. 情报学报,2001(8)

[4]John Mcginty. Developing a Digital Library: Scale Requires Partnership[EB/OL].[2012-06-08]. http://www.ala.org/acrl/publications/whitepapers/nashville/mcginty.

[5]Barry M. Leiner. The Scope of the Digital Library[EB/OL].[2012-09-08]. http: //www.dlib.org.metrics/

public/papers/dig－lib－scope. html.
[6]第29次中国互联网络发展状况统计报告[EB/OL].[2012－09－08]. http://wenku. baidu. com/view/4bf1d267caaedd3383c4d378. html.
[7]庞井君. 中国广播电影电视发展报告(2012)[M]. 北京:社会科学文献出版社,2012.
[9]《中华人民共和国著作权法》[EB/OL].[2012－08－08]. http://www. npc. gov. cn/npc/xinwen/2010－02/26/content_1544852. htm.
[10]《信息网络传播权保护条例》[EB/OL].[2012－08－08]. http://www. ncac. gov. cn/cms/html/205/1872/200701/671741. html.
[11]《公共文化体育设施条例》[EB/OL].[2012－08－08]. http://www. gov. cn/zwgk/2005－05/23/content_157. htm.
[12]《国务院办公厅转发中国残联等部门和单位关于加快推进残疾人社会保障体系和服务体系建设指导意见的通知》[EB/OL].[2012－08－08]. http://www. gov. cn/zwgk/2010－03/12/content_1554425. htm.
[13]普通高等学校图书馆规程(修订)[EB/OL].[2012－08－08]. http://lib. chzu. edu. cn/s/30/t/636/53/66/info21350. htm.
[14]《北京市图书馆条例》[EB/OL].[2012－08－08]. http://baike. baidu. com/view/4083403. htm.
[15]《北京市图书馆条例实施办法》[EB/OL].[2012－10－08]. http://www. bjwh. gov. cn/5/2012_5_15/3_5_69546_433_0_1337057703671. html.
[16]《中华人民共和国国民经济和社会发展第十二个五年规划纲要》[EB/OL].[2012－10－08]. http://www. china. com. cn/policy/txt/2011－03/16/content_22156007_3. htm.
[17]《关于推进全国美术馆公共图书馆文化馆(站)免费开放工作的意见》[EB/OL].[2012－09－08]. http://www. gov. cn/zwgk/2011－02/14/content_1803021. htm.
[18]《中共中央 国务院关于促进残疾人事业发展的意见》[EB/OL].[2012－10－08]. http://www. gov. cn/gongbao/content/2008/content_987906. htm.

第二章　国外图书馆界对残疾人服务的理论研究与前期实践

第一节　理论研究

国外大规模的研究集中于20世纪70年代以后，本书选取了各国影响较大的科研项目加以介绍。搜索范围集中在各大学图书馆和科研机构网站、Elsevier、Emerald等图情相关数据库。

一、研究报告

（一）《残疾群体利用图书馆——检查清单》

2005年，IFLA秘书处出版了《残疾群体利用图书馆——检查清单》(Access to Libraries for Persons with Disabilities—CHECKLIST)[1]，即IFLA第89号专业报告。该报告为IFLA秘书处近年来发行出版的唯一一份关于图书馆界为各类型残障人士提供信息服务指南的报告。该报告从物理设施、馆藏资源类型和服务及与社会残疾人组织和个人交流这三方面为图书馆的所有用户提供平等的机会。其中，部分内容涉及数字图书馆为残障人士服务的资源建设等，现摘要解读：

1. 资源建设方面

该报告指出图书馆应为残疾人提供特定格式的多媒体资源，包括下列几种：

- 有声读物，有声报刊；
- 大字体印刷书籍；
- 易读书籍；
- 有字幕或配备手语解说的Video/DVD；
- 电子书；
- 触觉画册。

2. 计算机使用方面

该报告明确提出，快速和可靠的技术支持，应可用于计算机和辅助设备。并指出更具体规则与信息可从http://www.w3c.org/wai及http://bobby.watchfire.com中获取。如何为残障读者提供信息：

(1)为视障人士

- 大字体读物；
- 磁带、CD/DVD或DAISY格式的信息资源；
- 点字读物；
- 无障碍的图书馆网站信息资源。

(2)为听障人士

- 配备手语或字幕的视频资源；
- 开通电子邮件或电话信息咨询；

• 无障碍的图书馆网站信息资源(音频资源需具备可描述性);

• 对于天生听障或中途听力受损的读者提供易读资源。

3. 网站

该报告指出,图书馆网站应该通过使用读屏软件和放大浏览设备、配合合成语音和点字技术,使得网站对于具有阅读障碍的读者来说完全无障碍。应用清晰和严谨的设计,包括对音视频内容进行描述等。确保内容和图片在不使用色彩的情况下都能够被正确理解。具体条目如下:

• 设计与导航简明,有条理;

• 儿童网页可被迅速获取;

• 提供放大、改变字体和对比度、行的长度及行距的适用软件;

• 提供可选择的文章格式:. pdf 和. doc,最好是无格式的文本文件. txt;

• 设计时内容相对独立,使用样式表来引导;

• 网站需具备搜索能力;

• 避免使用框架和表格;

• 避免使用滚动的网页内容;

• 内容配备语音。

此报告尽管并非专门针对残疾人数字图书馆的规范指南,但其中所叙述的多个方面,都涉及残疾人数字图书馆的建设,可作为残疾人数字图书馆资源建设和框架搭建的基本大纲。目前各国数字图书馆的残疾人服务项目也基本在此大纲的指导范围内展开。

(二) WCAG2.0 网页可访问性指南

上述 IFLA 第 89 号专业报告中,在论述图书馆网站资源及服务建设的可及性时,多次提到由万维网协会的 WAI(Web Accessibility Initiative)组织发布的 WCAG2.0 网页可访问性指南,是目前业内所普遍遵循的指南。现将内容择要摘录如下[2]:

1. 可及性

——为所有非文本内容提供替代文本以适应不同特定要求人群的访问需求。

——为基于时间的媒体(音视频)内容提供描述性语言。

——创建的网页内容可以不同的方式进行展现,且不丢失任何信息和结构。

——网页文字内容与背景相互独立,以方便使用者阅读和听取内容。

2. 可操作性

——所有功能均可通过键盘及键盘替代物进行操作。

——给予用户足够的时间,以阅读所访问网页的内容。

——不适用可能引起癫痫的光敏性内容的表现方式(诸如闪烁、高亮等)。

——提供可选择的方式,帮助用户查找内容、导航和判断所在位置。

3. 可理解性

——文本内容可读、易于理解。

——内容的安排和功能性是可预测的。

——帮助用户避免错误,并在出现错误时予以纠正。

4. 兼容性

——最大限度地兼容目前及未来所可能使用的辅助技术。

截至目前，国外的数字图书馆网站所开展的残疾人项目，均是遵循此指南进行的网站规划和建设。南京特殊教育职业技术学院的刘炳芳在《图书馆无障碍网页设计研究》一文中，曾结合图书馆网站的特点，归纳出图书馆在网站无障碍化设计中应遵循的规范[3]：对于听觉及视觉的内容要提供相等的替代文字内容。不单独依靠色彩提供特殊信息。适当地使用标记语言和样式窗体。阐明自然语言的使用。建立编排良好的表格。合力处理时间敏感内容的变更。确保嵌入式使用者借口具有直接可及性。设计能够兼顾多种输入输出设备的网页。使用过渡的解决方案。使用国际语国内官方订定的技术和规范。提供内容导引信息。提供清楚的网站浏览机制。确保网页内容简单清楚。

目前，国内尚缺乏相关的技术规范和标准，通过对国外数字图书馆的网站建设标准进行考察发现，除 WCAG2.0 外，在具体的网页开发和网站建设上所遵循的指南与规范还包括以下几种[4]：

文本标记语言的可及性改进(Accessibility improvements in HTML4.0)

同步多媒体整合语言的可及性特性(Accessibility Features of SMIL)

编辑工具可及性规范技术 1.0(Techniques for Authoring Tool Accessibility Guidelines1.0)

电子与信息技术可及性标准(Electronic and Information Technology Accessibility Standard)

使用者代理人可及性规范 1.0(User Agent Accessibility Guidelines 1.0)

可扩充标记语言可及性规范(XML Accessibility Guidelines)

网页内容可及性检验表 1.0 (Checklist for Web Content Accessibility Guidelines 1.0)

编辑工具可及性检验表 1.0(Checklist for Authoring Tool Accessibility Guidelines 1.0)

使用者代理人可及性检验表 1.0(Checkpoints for User Agent Accessibility Guidelines 1.0)

网页内容可及性规范的技术 1.0 (Techniques for Web Content Accessibility Guidelines 1.0)

网页内容可及性规范的核心技术 1.0 (Core Techniques for Web Content Accessibility Guidelines 1.0)

编辑工具可及性规范的技术 1.0(Techniques for Authoring Tool Accessibility Guidelines 1.0)

使用者代理人可及性规范的技术 1.0(Techniques for User Agent Accessibility Guidelines 1.0)

可及性检测和修复的技术(Techniques for Accessibility Evaluation and Repair)

同步多媒体整合语言的可及性特性(Accessibility Features of SMIL)

串接式样窗体的可及性特性(Accessibility Features of CSS)

可缩放向量图形语言的可及性特性(Accessibility Features of SVG)

超文件标记语言的可及性改进(Accessibility improvements in HTML 4.0)

(三)《聋哑人图书馆服务指南》

2000 年修订出版的《聋哑人图书馆服务指南 Guidelines for Library Services to Deaf People. 2nd Edition(IFLA 第 24 号专业报告)》，从通讯、资源建设及服务等方面为图书馆服务聋哑人的工作提供指南与相关规范[5]。

1. 通讯部分

- 所有图书馆工作人员都必须接受如何有效与聋人沟通交流的相关培训。
- 在图书馆的主要服务点提供文本电话(Text Telephone)。
- 在图书馆，读者或工作人员使用的电话都需配备扩音设备。

• 图书馆应确保其网站对于聋人读者的可用性。

• 图书馆必须利用有助于聋人交流的最新技术。

• 图书馆必须具备通讯辅助设施，诸如那些能够提供计算机辅助实时字幕或记录的听力系统与设备。

2. 资源建设

• 图书馆必须为聋人及听力障碍读者提供与聋人相关的所有资源。

• 图书馆必须收集、维护并且提供一切有关教育、职业咨询和无偏见的面向聋人的方案等信息。

• 图书馆要入藏并为聋人提供有趣易读的文献。

• 图书馆必须收集保存配有手语的视频或电影资源，并提供充足的配套播放设备。

• 可视非印刷材料应该成为图书馆馆藏不可或缺的一部分，以满足为聋人读者提供服务的需要。电视视频节目以及其他音频媒体应该进行标注，加以文字说明，使这些节目能够被有听力障碍的人所理解。

3. 服务

• 图书馆的所有藏品及服务都必须制成可供聋人使用的形式。

• 图书馆必须提供手语指导方面的节目内容。

• 图书馆必须为聋人读者提供本地知识普及节目的信息。图书馆必须确保图书馆的知识普及活动能够迎合聋人个体的需求。

• 图书馆必须覆盖网络上所有本地与聋人相关的数据库与信息。

• 图书馆必须在网站上提供与聋人相关的多种电子数据库的链接。

在该报告中，IFLA 弱势人群服务图书馆专业组指出了图书馆为听觉障碍人群提供信息无障碍服务的参照标准。除上述具体条目外，报告还对其文中所涉及的诸多概念，例如听力辅助系统、文字标注、电脑辅助笔记记录、解码器等进行详细解说与定义，并专门指出，图书馆应该加强一种营销理念，宣传它为聋人群体提供的特殊服务。

可以说，IFLA 的这份专业报告，从宣传策略、建设方针、资源建设、软硬件配备等方面为我们进行残疾人数字图书馆建设，为听力障碍人群服务提供了全面而又具体的指南与规范。

二、典型无障碍系统设计

（一）DAISY 系统

DAISY（数字式声音信息系统）是由瑞典国立盲文录音图书馆依据多媒体行业的标准——RIFF（Resource Interchange File Format）所开发的一种数字式录音图书制作系统。由于在 DAISY 格式下，DTB（及电子有声读物）具有卓越的导航定位功能、全方位的输出形式以及丰富的阅读体验和信息类型。国外数字图书馆为残疾人提供服务的项目在进行资源建设时，多将 DAISY 作为资源制作和采购的标准。

2001 年，ANSI（美国国家标准化组织）和 NISO 采用 DAISY3 作为美国有声读物的国家标准（ANSI/NISO Z39.86—2002），美国国会图书馆的残障用户服务部（NLS）即采用 DAISY3 作为其有声读物资源建设的依据。欧盟国家中的英国皇家盲人学院（简称 RNIB）、德国中央视障人士图书馆、丹麦国家盲人图书馆等为参展读者所提供的电子有声读物也均为 DAISY 格式。亚洲国家中，日本图书馆界为残障人士提供信息服务的工作开展较早，2002 年以来，日本残疾人康复协会启动了“服务所有人的数字无障碍信息系统”DFA 计划(DAISY FOR ALL)。2003 年,计划小组开发了多媒体数字无障碍信息系统播放软件 AMIS,可以播放 DAISY2.02 格式的全文本、声音和图像。通过添加插件功能,AMIS 还可以用游戏控制器或触摸屏显示器、盲文点字显示器来代替键盘,还可以在另一个窗口用大号墨字字体显示出来,或者可以仅仅通过按下按钮来播放这些数字读物[6]。

目前,DAISY 的资源建设已经在全世界范围内广泛开展。据粗略估计,全球 DAISY 格式的 DTB 已逾143 000种[7],且呈现出越来越迅猛的发展态势。我们在进行残疾人数字图书馆建设时,也应积极采用 DAISY 标准进行电子有声读物的资源建设。

DAISY 标准目前通行的版本为 2005 版,标准号为:NISO Z39.86。该标准对 DTB 的文本内容格式、音频文件格式、图片文件格式、媒体文件同步、DTB 对 SMIL 的要求等做出了详尽的说明与描述[8]。

(二)BOBBY 软件系统

国外数字图书馆网站在建设开通后,往往会通过专业机构进行信息可及性测评。测评是残疾人数字图书馆建设过程中极为重要的一个环节。

目前专业测评中广受推崇的是上文 IFLA 第 89 号专业报告中所提到的 BOBBY[9]。BOBBY 软件是由美国应用特别技术中心(The Center for Applied Special Technology)开发的一套专门用来测试网页易读程度的系统。其所设置的检查点,均按照 W3C 提出的网页内容可及性检验表 1.0(Checklist for Web Content Accessibility Guidenlines1.0)、编辑工具可及性检验表 1.0(Checklist for Authoring Tool Accessibility Guidelines 1.0)所提供的测试点或 508 条款,共分为十四条规范和六十五项检测点。并将网站的可及性划分为三个层次,即三个优先权等级,每个优先权等级涵盖一定范围的技术要求。

目前相当数量的国家和地区都已普遍接受 BOBBY 测试的评定标准。建设残疾人数字图书馆的工作中,在信息服务平台搭建后进行专业测评,至为关键。除在相关网站上进行测评外,邀请残障读者进行实际使用测评,则更为必要。

第二节　前期实践

国外图书馆开展信息无障碍的工作,为残障人提供信息与服务,始于为视障人士提供相关帮助。自 1829 年法国人路易·布莱尔发明点字法,使盲人阅读书籍成为可能后,国外图书馆开始接受盲文图书,并逐步开展为盲人提供信息的各项服务。随着社会的发展,面向残疾人的服务不断深入和完善,服务范围从视障群体扩展到听力障碍、阅读障碍等各种残障人群,服务方式不断创新和多元化,技术手段更为先进和人性化。特别是进入计算机网络时代后,各国图书馆开始利用日益发展的计算与网络手段尝试为包括视障人士在内的全体残障人士提供信息服务。本书试图就目前国外图书馆为残障人士提供信息服务时所遵循的相关建设标准及服务现状进行研究,以期促进我国图书馆界的信息服务无障碍工作的展开与残疾人数字图书馆的建设与运行。

一、美国

美国图书馆界面向残障人士提供的服务可追溯到 1868 年波士顿公共图书馆为盲人提供的特别服务。到 1987 年国会图书馆盲人阅览室正式设立，面向残障人士的服务日益受到美国图书馆界的关注，相关政策法规、技术设备、服务方式等方面不断取得新的突破和成果。2000 年国会图书馆统计藏书目录共有325 000种书籍、录音带、光盘及各类电影，总数量超过 2200 万件。在音乐种类方面，共有20 000多种不同类别的音乐录音带或光盘等[10]。

进入信息时代之后，美国图书馆界积极利用新技术，创新服务手段。在面向残障人士的服务领域做出了新的成绩。截至 2003 年年底全美有 140 个残疾人图书馆，除了提供声音的辅助外，在检索与浏览书目资料方面，则利用 telnet 方式的 LOCIS 辅助视觉障碍的朋友检索线上目录，更有点字书与有声读物[11]。

（一）相关政策法规

美国图书馆残疾人服务顺利开展很大程度上得益于良好的法律环境。美国政府十分重视残疾人生活、就业和教育等问题，先后制定出台了一系列图书馆残障人士服务相关政策法规，既有总的指导方针，又有具体的服务标准。在各项政策的制定中，美国图书馆协会（ALA）起到了很大的促进和推动作用。

1948 年，ALA 颁布实施的《图书馆权利法案》规定："无论技术、格式、递送方法，图书馆提供的直接和非直接信息资源应便利、公平、平等地提供给所有图书馆用户。"这就从法律上规定了图书馆应该保障所有公民平等获取知识信息的权利。1990 年颁布的《信息服务指南》（Guidelines for Information Services）规定：图书馆应将信息服务区域设置在明显位置并能满足包括残疾人用户在内的所有用户的需要；信息服务工作人员应努力与所有图书馆服务对象进行有效的沟通，不论用户的年龄、性别、性取向、种族、残疾或语言能力。1998 年 ALA 补充 1976 年的《关于种族歧视和性别歧视的决议》通过了《关于偏见、陈规和歧视决议》（ Resolution on Prejudice, Stereotyping, and Discrimination），明确规定图书馆不能因用户的种族、性别、性取向、信仰、肤色、原有国籍以及身体缺陷等原因而持偏见、歧视态度，并且不得依此审查、删除及类分图书馆文献资料，从而确保所有用户都能自由、平等地享用资源[12]。2001 年制定的《图书馆残疾人服务政策》（Library Services for People with Disabilities Policy）是关于图书馆为残障人士提供服务的专门条款，该政策从残疾人服务的法律依据、图书馆服务、设施、馆藏、辅助技术、雇用、图书馆教育、培训和职业发展、美国图书馆协会会议、美国图书馆协会的出版物和通讯等九方面对图书馆残疾人服务做了详细规定。确保图书馆政策、资源和服务满足所有人的需要。2009 年，ALA 颁布了《对残疾人的服务：〈图书馆权利法案〉释义》（Services to Persons with Dis - abilities：An Interpretation of the Library Bill of Rights），明确要求图书馆工作人员不仅应积极主动为残疾人提供便利的资源和服务，而且在必要时还应为残疾人寻求财政援助或其他援助，使图书馆为残障人士提供服务的空间进一步拓展，对图书馆服务的要求也更加明确[13]。

类似的，美国 1973 年通过的《康复法案》（Rehabilitation Act）504 号中要求确保残疾人平等享受图书馆设施和服务的权利。1990 年通过《美国残疾人法案》（Americans with Disabilities Act of 1990，ADA）在就业、政府项目与服务、公共供给三个部分中都明确提及图书馆为残疾人提供服务的责任[14]。

为了将《美国残疾人法案》落到实处，美国图书馆协会（ALA）和美国国会作出了一些具体规定。ALA 规定图书馆必须在建筑无障碍设施基础上，确保图书馆制度、资源和服务满足所有人尤其是残疾人的需要。在 IFLA 的盲人图书馆分会（SLB，IFLA Section of Libraries for the Blind）78 个成员馆中，美国的法定学校图书馆必须收藏残疾人使用的可替换格式文献（Alternative Format Materials）。美国国会通过法律规定，国会图书馆必须通过国会图书馆盲人及其他身残人士服务中心（NLS，The Library of Congress National Library Service for the Blind and Physically Handicapped）为特殊教育学校传递其特藏图书和有声读物[15]。

以上政策法规从法律层面确定了图书馆为残障人士提供服务的义务和责任，为残障人士服务提供了法律依据和政策保障，同时保证了具体的服务举措有章可循，是美国图书馆界为残疾人提供服务的基础。

（二）国会图书馆服务网络建设

除较为完善的法律法规之外，美国还拥有为残疾人提供服务的国家图书馆网络。美国的图书馆所提供的盲人图书馆服务，采用集中式的行政管理模式，以国会图书馆盲人和残障人服务中心（简称 NLS）为核心，通过全美国 56 所区域性图书馆及 102 所次区域性图书馆向外辐射，形成无缝的面向残疾人提供服务的国家图书馆网络。

在版权法许可，或者与著作人、出版商达成协议的前提下，NLS 从众多的刊物中选择合适的材料，通过相应的技术手段制作成专供盲人使用的点字图书、杂志、录像带以及光盘，统一分送至全国相关单位或机构，供全国范围内的盲人或其他残疾人使用，并为借阅这些资源的残疾人提供专门的播放器。截至2006 年，NLS 已制作包含不同文字、不同题材的有声读物 5.3 万多种。据 1999 年统计，全年共有764 000多人次的盲人向各残疾人图书馆借用了 2200 万多件录音、点字书刊及其他有关物品。其中为盲人制作的电影录像带，需要在正常影带的基础上对场景设置、人物形象、动作等内容以旁白方式进行描述，使盲人可以无障碍听取电影。

此外，NLS 还为残障读者提供免费邮寄服务，读者可通过邮寄方式免费借还图书，极大改善了物理馆舍距离障碍给残障读者带来的不便。

美国国会图书馆以及州立图书馆共计 27 家，每家均提供网络资源下载、实时参考咨询，74% 的被调查馆拥有无障碍专用搜索引擎，各种盲文图书、描述性视频也实现了全覆盖，可以说代表了美国图书馆界信息无障碍的普遍程度[16]。

美国 NLS 正在实施的 DOD 建设方式，是指信息服务机构利用点字自动翻译、语音自动合成等新技术，根据用户的需求即时生产各种无障碍格式的信息资源，其优势在于制作快捷、价格低廉，而且是真正的按需生产，最大程度上提高了资源利用率[17]。

2002 年，NLS 与国家盲人联盟合作，发起了两个电子通讯先导计划，“国家盲人联盟—新闻热线”（NFB—News line）和“图书共享”（Bookshare. org）计划。前者为 NLS 的读者提供一周七天、全天二十四小时服务，并通过免费电话向盲人提供每日新闻的音频版本。后者是一种在线网络服务，它为用户提供了 8000 多种盲文书籍的下载服务，并提供合成语音软件让盲人可以在线“听”书[18]。

（三）全美各地区图书馆所提供的服务

1. 服务对象

各地区图书馆是美国图书馆残障人士服务网络的有机组成部分，一般为本州或本地区用户提供服务，同时根据馆藏资源的特点和服务能力水平开展相应的服务。例如犹他州州立图书馆为盲人及其他身残人士中心，除服务本州读者外，也为怀俄明州、阿拉斯加州、亚利桑那州、科罗拉多州、爱达华州、堪萨斯州、路易斯安那州、密西西比州、蒙大拿州、内华达州、新墨西哥州、北达科他州、俄克拉荷马州、南达科他州、威斯康星州的盲文读者提供服务;马萨诸塞州盲文及有声读物图书馆还未缅因州,新罕布什尔州、罗德岛州、德蒙特州盲文读者提供服务;北卡罗来纳州州立图书馆也为南卡罗来纳州盲文读者提供服务[19]。高校图书馆一般面向本校的师生,社区图书馆一般面向本社区的居民。

2. 服务资源

馆藏资源根据自身规模有所差异,大多配有光盘、盒式磁带、盲文文献、描述性视频、可替换格式教科书和大字本读物等资源。州立图书馆也会根据各自情况收集和出版本地相关资料,比如美国北泽西发展中心残疾人图书馆还配备了很多高趣味、低难度、附有实例和插图的书刊资料,内容涉及简单的自然、常识、生物等,特别适合那些弱智残疾人[20]。

3. 辅助设备

州立图书馆残疾人配备的辅助设备主要有盲文打字机、盲文记录机(Braille Notetaker)、盲文复写机(Braille Writer)、闭路电视、大字本硬拷贝设备、屏幕扩大软件、演讲输出装置(Speech Output Device)、放大镜、盲人阅读器(奥普特康盲人电子阅读仪 Optacon)、光符阅读器(Optic Character Reader)、自动翻页器(Page Turner)、无纸盲文显示器(Paperless Braille Display)、大字本印刷软件、富兰克林有声字典、热能复印机(Thermoform Duplicator)、书写辅助设备(Writing Aids),有条件的还配有聋哑人用电话设备 TDD(Telephonic Device for the Deaf)和其他辅助听力系统和设备, 如 FM 系统、红外系统、视听资料字幕解码器、计算机辅助的实时字幕和笔记记录等。高校图书馆为视障学生配备了专用的电脑及其他仪器设备,为肢残学生提供专用的课桌等,比如纽约州立大学奥尔巴尼分校图书馆, 听力困难者可使用个人 PA 接收器。

4. 个性化服务

大多数图书馆都针对特殊读者群体的特点提供适合读者对象的图书讨论组、盲文翻译、儿童故事时间(主要针对残疾儿童)、儿童暑假阅读计划、拨号新闻服务(通过拨打图书馆的免费热线电话收听新闻)、广播阅读服务(提供报纸、杂货广告及其他消费信息的广播阅读,并提供专门的广播接收器)、志愿者服务(志愿者提供馆内基础服务以及盲文、有声读物制作工作)[21]。

在实际工作中涌现出一批敢于大胆尝试、不断创新服务的图书馆,提供的新服务项目有独到之处,为残障人士带来了极大便利。华盛顿录音盲文图书馆利用现代化设备,采用多种先进手段为盲人读者服务。如利用播放录音图书、电话网络以及盲人专用的计算机对盲人读者服务。盲人读者通过电话网络和盲人专用的计算机功能,可以独立检索盲文、录音图书目录;利用联机目录还可以检索国会图书馆的藏书,并通过华盛顿录音图书馆借阅自己所需要的录音书籍[22]。俄亥俄州的辛辛那提图书馆与 ALA 儿童服务部门下属的“图书馆对特殊儿童服务委员会”合作,在服务智障儿童反面取得了不小的成绩。威斯康星州丹郡图书馆 1984 年与麦迪逊识字文员会合作,在本馆开放识字推广中心,并建立识字资源典藏,为失语训练教程提供资料。1993 年北泽西图书馆与北泽西发展中心联手,创办了北泽西残疾人图书馆,在为残疾人尤其是智障读者群体服务方面提供了各种便利条件[23]。康奈尔大学图书馆为残疾读者提供的“家”图书馆服务,允许残疾读者根据康奈尔大学各分馆的资源特点、地理位置及自身的需求,将某一所图书馆作为自己的“家”图书馆,享受配备特殊设备等特别的服务,并可以自由更换“家”图书馆,彰显出人性化的服务特色[24]。

5. 图书馆专业人员

图书馆为保障对特殊群体的服务，在学历层次、专业知识、全面素质、能力等方面对图书馆员提出了严格要求。针对残疾读者身体状况的特殊性，图书馆要求馆员既有较强的业务技能，又要掌握一定的特殊知识，如：盲文知识、一般手语及各种特殊机器的使用；针对为残疾读者服务的困难性，要求馆员要有爱心、耐心、责任心。因此馆内的工作人员在上岗前要接受严格、专门的管理，又要接受各种技能的培训。

二、英国

1850 年，现代意义的公共图书馆在英国诞生。在之后的 100 多年里，为包括残疾人在内的弱势群体服务的内容和范围随着公共图书馆的普及不断扩展，在 20 世纪下半叶的英国图书馆界掀起两次高潮：一次是 20 世纪 60 至 80 年代，美国和英国先后以社会责任、关注社会问题为使命发起了轰轰烈烈的社区图书馆运动；一次是在英国 20 世纪末新工党执政后，制定了反社会排斥的国家战略，公共图书馆也被赋予新的促进社会包容和谐的使命和职能，积极向难以延伸到的群体（Hard-to-reach）提供服务[25]。

其中值得一提的是，1857 年，利物浦公共图书馆开始为盲人读者备置盲文图书。1882 年，英国玛莎·阿诺德（Martha Arnold）女士出资兴建的国立盲人外借图书馆成立，后来改称国立盲人图书馆。1927 年，图书馆学者麦考文主张将图书传递给不便前往图书馆的病残人士，以改善公共图书馆服务。他提出通过志愿者大声朗读等方式，开展对病人和盲人的服务。

英国 1970 年颁布的《长期病患者以及残疾人法》（Chronically Sick and Disabled Persons Act 1970）规定：每个地方当局有责任满足本法案适用群体的需求，为他们制定政策，或帮助他们获得电视、图书馆或类似的娱乐设施[26]。后来又相继颁布《反歧视法例》（Disability Discrimination Act, DDA）和《特殊教育需要及残障法例》（Special Educational Needs and Disability Act, SENDA），分别在不同范围和程度上对网络信息资源的无障碍获取做出了规定。这些法律法规从国家法制的高度规定了图书馆为残障人士提供服务的基本义务。

1998 年，博物馆、图书馆和档案馆政务委员会（MLA）委托利兹城市大学信息管理学院、伦敦地区墨顿图书馆、谢菲尔德公共图书馆以及学者约翰·文森特合作进行名为“公共图书馆政策和社会排斥”的研究，依据该研究所发布的研究成果《面向所有人开放？公共图书馆和社会排斥》，20 世纪末 21 世纪初英国所有公共图书馆当局服务残障群体的情况如下[27]：

表 2-1　20 世纪末 21 世纪初英国所有公共图书馆当局服务残障群体的情况

提供服务的情况	百分比
给予服务安排的当局	78%
提供永久服务的当局	72%
具有专门负责员工的当局	52%
具有一定时限的项目的当局	11%
具有资料选择指南的当局	26%

由上表可以看出，在 20 世纪末 21 世纪初，大部分英国公共图书馆已经具有面向残障人士提供的服务内容，且其中绝大部分服务为永久性质。

2001 年,英国图书馆与信息统计联盟联合拉夫堡大学信息科学学院,展开了一项面向残障读者使用图书馆信息服务感受的调查。采集了读者使用国家盲人图书馆、英国国家皇家盲人研究所和英伦有声报纸联盟的有声图书服务的反馈,还有残障读者首选信息获取方式。该调查数据采集面广,涉及国内几乎全部有影响力的信息服务机构,具有权威性,为英国图书馆界改进信息服务模式提供了依据[28]。

英国由皇家盲人学院(简称 RNIB)统筹全英图书馆盲人服务,采用集中式行政管理模式,为超过57 000名盲人读者提供有声图书馆服务、专门的录音磁带服务,以及短篇与时效性资料的录音服务。公共图书馆也自制有声图书,包括磁带书、图书馆系统录音指南等信息服务,以及历史录音带、少数民族社区录音资料和有声报纸等[29]。

在国家文体传媒部资助下,英国国家盲人图书馆(简称 NLB,英国知名慈善组织)与 RNIB 合作,共同开发和管理以"Revealweb"命名的国家视障人士资源数据库。该数据库的资料由 200 多家图书馆和其他组织提供。视障人士可使用该数据库搜索、识别和查找所需的图书资料。视力共享联合会(英国联合性志愿组织)与英国博物馆、图书馆和档案馆委员会(MLA)合作,共同编写了《视障人士图书馆服务:最佳实践方法手册》,这一重要资料通过网络形式出版,并免费分发至英国各类型图书馆。"Gateway"项目是英国多个公共图书馆与专为盲人服务的志愿组织图书馆相互合作的产物。在乌尔弗斯克罗夫特基金会的资助下,该项目可以使英国的公共图书馆为用户提供范围广泛的专门馆藏、信息与咨询、培训、支持和工具[30]。

英国图书馆为残疾读者提供的服务主要有:一是残疾读者可以向各图书馆提出特殊需要帮助的请求,许多大型图书馆还配备有特殊装置,专门供图书馆员去残疾读者家中服务;二是为视障残疾者配备了大字印刷的书籍,并开设专门的借阅区,供这些视障读者使用;三是设立听力残疾服务区,就是专门为聋哑残疾读者服务的地方,这里可提供阅读机、声音放大器供这些听力障碍者使用。

特色服务:对自身能力不及、智力障碍、残疾或在使用图书馆资源与服务有特殊困难的用户,负责特殊图书馆服务的馆员会提供热情的帮助。这些服务包括:一对一帮助使用馆藏目录,代理借阅、馆外还书、续借电话服务、提供便于阅读的工具,如彩图、放大的图表、Quicktionary Reading Pen、可调节的桌面、大字键盘、大屏幕电视等。[31]

家庭递送和邮递服务:家庭递送,即把图书递送到读者家中,这是一种更加人性化的读者服务活动。送书到手,服务到人。它不仅扩展了图书馆服务领域,而且图书馆的资源也得到了深层次的开发。利兹公共图书馆开展了多年的家庭递送图书服务,其服务对象为那些行动不便、不能使用公共图书馆或移动图书馆的人。递送服务的工作人员每 3 个星期送书一次,并且参与读者的阅读,还和读者就有关问题相互交流、讨论。邮递服务,即通过邮局向读者送书。这种服务有着更强的针对性,它的服务对象是盲人。通过邮局免费向他们邮递盲文、有声图书、激光唱片等读物。家庭递送和邮递服务极大地方便了住院病人、行动不便的人和盲人,使这些弱势群体得到社会的关注,增强了他们的生活信心,也为其自身学习和提高技能提供了重要的平台[32]。

三、日本

日本公共图书馆的残疾人服务最早源于 1915 年东京市本土图书馆的盲文书库。在服务初期,各地的公立图书馆都设置了盲文书库、盲人阅览室等,这个服务被定义为"为特别的人的特别服务”。视觉障碍者的阅读服务，不仅属于图书馆或社会教育的范畴，也属于福利的范畴。日本1949年制定了《身体障碍者福利法》。该法的规定，使原来属于公共图书馆的盲文部门被分离出来，改为盲文图书馆。

进入70年代，残疾人服务进入了新的阶段。其背景是70年代的“市民图书馆运动”和《残疾人基本法》[33]的颁布，特别是伴随着《残疾人基本法》的颁布。《残疾人基本法》规定，作为公共设施的图书馆必须在设施的构造、设备配置方面充分考虑残疾人利用的特殊需要，在图书馆的日常服务中，必须制定面向残疾人提供情报服务的具体措施，这使民众的残疾人保护意识进一步提高。此时，日本公共图书馆开始以读者服务作为图书馆工作的第一主体。“全体国民的图书馆服务”以及“任何时候、任何地点、任何人”的服务口号成为公共图书馆服务的主旨。特别是为全体国民服务和任何人服务的思想，成为公共图书馆开展残疾人服务的基点。

在1971年召开的全国图书馆大会上，关于残疾人的读书权的讨论成为大会讨论的一项重要议题。会议通过了公共图书馆为残疾人服务的决议。以此为契机，各地的公共图书馆增强了为残疾人服务的意识。1973年东京日野市立图书馆，1974年大阪府立夕阳丘图书馆，也相继开始了对面朗读服务的尝试。至此，以视觉残疾人服务为起点，公共图书馆的残疾人服务工作徐徐展开。1975年10月，日本国立国会图书馆率先在全国开展了学术文献的录音服务。1975年，全国图书馆大会通过了在日本图书馆协会内设置残疾人服务委员会的决议，1978年，在关东地区和关西地区残疾人服务委员会的基础上，日本图书馆协会残疾人服务委员会正式成立。

1981年为国际残疾者年，其主题为“完全参加和平等”。从此，残疾人的社会地位有了大幅度的提高。从这一时期开始，无论是新建图书馆还是其他公共设施，都要优先考虑残疾人服务设施的设置。日本公共图书馆的残疾人服务开始进入了变革阶段。同时，为更好地服务残疾人，许多图书馆还通过国际交流等形式，积极学习欧美等国先进的残疾人服务方式，使残疾人服务的国际交流进入了新阶段。

作为日本国家图书馆的国立国会图书馆，积极发挥全国中心馆作用，于1982年正式出版了《点字图书和录音图书全国综合目录》，促使图书馆间点字图书和录音图书的相互代借工作深入开展。与此同时，日本公共图书馆的残疾人服务，也从原有的一馆单一服务进入图书馆间的相互协作阶段。

1984年，为更好地推进为听觉残疾者服务，日本图书馆协会在残疾人服务委员会内设立了听觉残疾者服务小组。

经过1986年的东京IFLA大会，1990年的国际识字年，日本公共图书馆的残疾人服务又翻开了新的一页。

计算机等新技术在图书馆的应用，使图书馆的服务方式发生了质的变化。点字图书制作效率的提高，自动朗读机的开发，计算机通信和业务终端的使用，使残疾人服务工作也发生了质的变化。特别是点字翻译计算机的应用，标志着日本公共图书馆残疾人服务进入了新的发展阶段。

1986年，IFLA大会在东京召开。以这次大会为契机，日本公共图书馆的服务开始向多文化服务转变。多文化的社会图书馆服务，以为民族的、言语的、文化的少数者提供信息服务作为服务的重点。这其中包括为残疾人提供文献信息服务。1986年，IFLA大会之后，图书馆间综合目录的刊行，相互贷借的强化，计算机关联机器的导入等，均在以往的基础上取得了新的进展。1991 年 1 月,IFLA 亚洲视觉残疾人服务会议在东京召开,来自 25 个国家的 50 名代表参加了会议。这次会议,确定了亚洲诸国今后残疾人服务工作的方向和目标。

2002 年以来,日本残疾人康复协会启动了“服务所有人的数字无障碍信息系统”DFA 计划(DAISY FOR ALL)。2003 年,计划小组开发了多媒体数字无障碍信息系统播放软件 AMIS,可以播放 DAISY2.02 格式的全文本、声音和图像。通过添加插件功能,AMIS 还可以用游戏控制器或触摸屏显示器、盲文点字显示器来代替键盘,还可以在另一个窗口用大号墨字字体显示出来,或者可以仅仅通过按下按钮来播放这些数字读物[34]。

经过四十余年的发展,日本公共图书馆的残疾人服务在服务方式、服务手段和服务措施上都发生了深刻的变化。同时,实施残疾人服务的公共图书馆数量也有了大幅度增加。根据 2006 年资料显示,日本图书馆为各种类型残疾人提供服务的馆数有:为视觉障碍者提供服务的有 532 个;为听觉障碍者提供服务的有 374 个;为四肢残疾者提供服务的有 640 个;为智障者提供服务的有 318 个。同时日本图书馆有专门为残疾人提供服务设施的馆数有:提供障碍者用卫生间的 1717 个,提供玄关等坡道的 1418 个,提供轮椅的 939 个,障碍者用电梯的 83 个,馆内盲文提示区域的 89 个,扩大读书器的 564 个,对面朗读室以及录音室的 534 个,向导的盲文及扩大文字表示的 179 个,诱导铃的 118 个,触摸馆内向导图的 95 个,盲文打印机的 87 个,可调节高度桌子的 80 个,电脑盲文翻译系统的 76 个,听觉障碍者用电话的 24 个,磁性诱导圈的 13 个。丰富的馆藏资源和周到的服务保证了日本图书馆为残疾人服务工作的顺利开展。

日本图书馆对残疾读者提供的服务项目主要有:

(一)对面朗读服务

对面朗读服务,是对于不能正常利用常规图书馆文献的视觉残疾人提供的一种有效的服务方式。也就是说,是为了保障视觉残疾人读书权利而采取的一种服务措施。对面朗读使视觉残疾人读书、调查和获得信息,更好地融入社会成为可能。

对面朗读服务在日本开展时间较长,大多数图书馆都开展了此项服务。其中,比较有代表性的如大阪府立中央图书馆。新馆建成后,对面朗读服务工作在服务空间、服务设施和服务方式上都有了新的拓展。现在,共有 7 间对面朗读室和 1 间录音室。利用时间为 9 时至 19 时。2001 年度,对面朗读服务的利用者为 1014 人次,对面朗读实施时间为 3397 小时,每日平均利用时间为 13 小时,平均每天利用者 4 人左右。该馆一直组织志愿者为视觉残疾者提供对面朗读服务。视觉残疾者如果想利用对面朗读服务,要先将自己的自然情况在图书馆进行登记,之后,在使用的前两天提前向图书馆进行预约。如果利用者当天因为特殊情况不能来馆,图书馆会将志愿者朗读的文章进行录音,并通过邮递方式邮给利用者[35]。

(二)邮寄外借服务

通常的图书外借是指对直接来馆的普通读者开展的图书外借服务。但是,对于视觉残疾者来说,直接来馆有很多实际困难。首先是行动上的不便,其次是常规的外借图书并不适用于残疾人,特别是视觉残疾人。因此,开展邮寄外借服务就成为残疾人服务的一种重要方式。邮寄外借服务大多数是免费的,邮寄外借的内容不仅局限于纸质书籍,还扩展到录音带、录音图书、CD 等音像资料。

比如,大阪府立中央图书馆为开展好邮寄外借服务,还向日本邮政省申请了《盲人用录音资料发受设施》《听觉残疾者录像带发受设施》《身心残疾者用书籍包裹邮递物发受设施》的认可权。取得认可权后,在实施邮寄外借的过程中,对残疾者仅收取一半的邮金。从中可以看出，日本政府对于公共图书馆开展残疾人服务的重视[36]。

（三）视觉残疾者的计算机服务

视觉残疾者的计算机服务是将新技术应用于残疾人服务的一种新的服务方式。大量适合残疾读者的点字图书、大活字书、录音图书、CD 图书、扩大写本、卡式磁带、点字期刊、录音期刊、点字报纸及网络数据库等类型的资源都可以通过计算机为读者提供服务，利用计算机网络还可以实现资源的共享，提高文献的保障水平。比如，大阪府立中央图书馆开展的服务方式包括计算机画面的音声化、画面的点字化、画面的扩大化三种。服务内容包括：

- 通过 OCR 进行活字读书，HOMEPAGE 的阅览和检索。
- 利用计算机通信和 CD – ROM 进行馆内藏书检索。
- 图书馆所藏电子图书和 CD – ROM 的利用。
- 点字翻译软件的利用。
- 其他视觉残疾者软件的利用。

在这些服务内容中，特别受视觉残疾者欢迎的是 HOMEPAGE 的阅览和检索以及利用计算机通信和 CD – ROM 进行馆内藏书检索的服务。利用点字计算机查阅 HOMEPAGE 的信息，可以直接实现信息的音声化。

（四）视觉残疾儿童文库服务

视觉残疾儿童作为比较特殊的一个群体，读书受教育的意义更为重大。为视觉残疾儿童提供阅读服务是图书馆义不容辞的义务。大阪府立中央图书馆开设视觉残疾儿童文库，除开展正常的资料邮寄服务外，还于每月的第二周和第四周的午后，在儿童资料室举行视觉残疾儿童的读书朗读会。1996 年 10 月，对视觉残疾儿童文库的点字图书实行了开架外借服务[37]。

视觉残疾儿童文库的点字绘画读物，实际上只是普通的儿童绘画读物。但是视觉残疾儿童文库根据每张画面的内容，制作了点字，贴在绘画读物上，就成为了点字读物。大阪府立中央图书馆开展的视觉残疾儿童服务，受到了社会各界的重视，并对全国公共图书馆的视觉残疾儿童服务产生了深远的影响。

（五）IT 讲习

日本政府非常重视对残疾人服务的现代化设备方面的投入。在 2000 年的国家修正预算中专门设立了“IT 讲习推进特别交付金”，其中强调了要加大残疾人用计算机的装备。

大阪府立中央图书馆在它的经费预算中也加入了视障者用机器设备的预算方案。预算中决定购入笔记本电脑、画面点字化设备、墨字・点字印刷机等各一台。软件方面购入画面有声化、画面扩大化、有声输入、有声网页阅读、有声 E-mail、点字转化、点字领会、有声读书（OCR 软件）等软件。并举办视障者 IT 讲习活动，讲授有声化软件的使用方法、有声文件的制作、有声网页的阅读、有声 E-mail 的收发信方法和有声读书软件的使用方法等[38]。通过讲习活动增强了残障读者使用相关软件和计算机应用技能，方便了读者的阅读和文献检索，起到了事半功倍的效果。

四、澳大利亚

澳大利亚图书馆与信息协会（Australian Library and Information Association，ALIA）制定了很多图书馆为残疾人提供服务的相关政策条款。

1979 年开始实施的《面向残疾人士的图书馆和信息服务声明》（Library and

Information Services for People with a Disability）认为，图书馆应该从信息资源与设备、馆藏目录和数据库、建筑结构、应急措施等角度为残疾人士提供方便，鼓励图书馆实施针对残疾人士的专项服务计划，呼吁各界人士为满足残疾人士的信息需求作出自己的贡献[39]。这份声明为图书馆面向残障人士开展服务搭建起整体框架，是图书馆为特殊人群服务意识的启蒙形态。

1998 年实施的《为残疾人士图书馆服务标准指导方针》（Guidelines on Library Standards for People with Disabilities）规定，任何残疾人士在接受图书馆服务中应与公众一样受到体面、同等、周全对待，每个图书馆的政策应包括《1986 年残疾人服务法》《1995 年平等机会法》和《1992 年残疾歧视法案》中所概述的基本原则[40]。这就从图书馆政策服务政策层面作出严格要求，进一步保证了残障人士平等获取信息的权益。

2004 年实施的《澳大利亚公共图书馆服务宣言》（Statement on Public Library Service）更加明确指出，澳大利亚的每个社会成员都有平等享受公共图书馆和信息服务的权利，不分年龄、种族、性别、宗教、国籍、语言、残疾、地理位置、社会地位、经济地位和教育程度[41]。

此外，为了进一步保障社会成员公平获取信息的权利，ALIA 制定了《澳大利亚家庭图书馆服务指南》（Guidelines for Australian Home Library Services），为由于各种原因不能到图书馆的人提供免费上门服务。该指南声明：家庭图书馆服务对因任何原因而无法亲自去图书馆并使用公共图书馆的用户提供服务，家庭图书馆服务的用户与其他图书馆用户享有同样的权利和同等的服务[42]。这从根本上解决了残疾人因行动不便而难以实现公平获取信息权利的窘境，充分彰显图书馆人性化关怀。

2000 年，澳大利亚信息和电信需求研究协会、澳大利亚莫纳什大学信息管理学院、澳洲查理斯杜大学信息学院共同发起了一项研究课题，通过对 16 名视障读者网络行为的跟踪调研，研究视障人群对于信息的需求，以及网络之于他们的重要作用。研究表明，空间、财力的障碍阻挡了残障人士获取信息的顺畅[43]。这份研究为图书馆完善面向残障人士的服务提供事实依据，具有重要的现实意义。

澳大利亚的高校图书馆在为残疾读者服务方面作出了许多有益的探索和尝试。澳大利亚新南威尔士大学图书馆，在读者公共使用场所，如在图书馆的各个入口都配有供轮椅行走的残疾读者专用通道，专门为乘轮椅的残疾读者设置了低位电话，每一楼层都设有一宽敞的残疾读者专用卫生间等相关设施，残疾人可以和正常人一样利用图书馆。图书馆还提供翻动书页、电话预约、上门服务[44]。

澳大利亚 Deakin 的大学图书馆的残疾读者，可通过网上的目录系统提出想借图书或复印资料的请求，Deakin 大学图书馆就提供文献传递服务。这种服务方式，受到学生欢迎，也被其他许多大学所借鉴，同时对于利用印刷型文献有困难的学生，还可要求将其转换为数字文件，图书馆的数字环境部（ Digital Environment Unit ）可以提供此类服务。除了文献传递服务之外，应用技术实验室（Adaptive Technology Laboratories，ATLs）也是为残疾学生服务的一个重要部分。在 ATLS 中，配备的电脑硬件和软件主要有个人电脑、扫描仪、激光打印机、盲文识别器、语音合成器、语音识别、屏幕扩大程序和帮助学习有困难学生的辅助学习程序等。通过残疾联络员，学生可以出入实验室并获得相关的指导信息和关于应用设备的评价和培训方面的建议。

五、其他国家

（一）欧盟国家的项目建设与实践

1997 年，测试室计划（TESTLAB Project），由爱尔兰、英国、荷兰、奥地利、意大利和希腊联合展开，广泛的国际参与度奠定了该计划在此研究领域的先驱地位。该计划包括多个研究项目，其中的图书馆远程信息处理方案由欧盟资助，并从公共图书馆和高校图书馆中选取了一系列适合作为实验样本的试点。视障用户利用试点的设备与技术可以访问网络、数据库、目录和电子文档等。该项目不仅测试了技术配置和解决方案，还收集了用户在系统使用过程中的行为和感知。例如，该计划在荷兰针对视障用户开展了抽样调查，由专家进一步收集分析了视障用户的输入模式。从很大程度上说，测试室计划为推进面向视障用户的数字化信息进程、测试其效用打下了根基[45]。

2000 年，由欧盟莱昂纳多·达·芬奇计划赞助的加速项目（Accelerate Project），其参与成员包括马其顿大学图书馆、塞浦路斯大学图书馆、荷兰盲人图书馆联盟、北希腊盲人联盟[46]。通过对马其顿大学图书馆和塞浦路斯大学图书馆信息技术与无障碍设备的测试，了解包括视障用户在内的图书馆用户、图书馆员的使用反馈，目的在于改进图书馆信息服务无障碍获取的有效方式。研究小组设计了三份调查问卷[47]，分别调查用户的社会文化背景、信息化设备及软件使用习惯、对图书馆服务改进及无障碍设备功能的期望；经过培训后，用户对无障碍设备的第一使用印象；用户使用情况反馈，将最终的研究结果形成了三份调研报告。

德国中央视障人士图书馆有声读物收藏量已达 4000 种，大约每年增加 110 种新书[48]。

丹麦国家盲人图书馆于 1924 年在哥本哈根建馆，其主要任务在于为无法阅读一般印刷资料者提供图书馆服务以及有声、点字资料的制作，它同时也是全丹麦盲人图书馆服务中心[49]。

奥地利视力残疾人研究教学和服务网络（i3s3，Austrian Network on Research Teaching and Service Provision for Print Disabled People）和奥地利格拉茨大学图书馆、因斯布鲁克大学的德国文学研究学院合作负责进行奥地利虚拟图书馆的奥地利文学在线研究。他们的服务不仅提供了标准的图书馆系统，而且还将服务的重点放在盲人信息能力的获取等问题上[50]。

（二）韩国

1963 年韩国政府颁发了第一部适用于各类型图书馆的《图书馆法》，1967 年发表了《图书馆条例》和 1997 年韩国图书馆协会发表了《图书馆人道德的宣言》。三部法规条例中都未将残疾人群体纳入到图书馆服务的对象中来。但随着社会的进步，现在韩国各图书馆在各自的条例中根据自己的特点补充了有关残疾人的服务内容。以下是韩国几个典型公共图书馆的残疾人服务政策：

《国立中央图书馆利用服务条例》规定：对残疾人利用者优先引导服务。《南山图书馆利用服务条例》规定：为残疾人利用者准备了弱视读书机、语音支持 S/W 等，来访时优先提供服务。《釜山公共图书馆行政服务条例》规定：扩大残疾人的便利设施，使不便最小化。《大邱图书馆服务条例》规定：老弱者或残疾人来访时陪同至目的地，因身体不便，利用图书馆有困难的残疾人实施借还资料送取到家的制度。《光州图书馆服务条例》规定：为便利残疾人，在图书馆一楼的残疾人阅览室内设置了资料检索终端机和电话。《木浦公共图书馆方便利用者行政服务条例》规定：为方便残疾人修了轮椅通道，为帮助视觉残疾人的通行设置了盲文指南等。

另外，在 2002 年文化观光部发表的《关于残疾人未来的图书馆服务政策》的计划中包括构筑视觉残疾人用国家电子图书馆及盲文图书馆网络的项目[51]。

韩国针对视障读者专门建设了盲人图书馆，并根据读者需求细分为提供异质化服务的不同部门，最大限度地为视障读者提供精确、周到的服务。韩国盲文图书馆平均每年出版880个种类的40万册盲文书籍，以及盲文月刊、视障者在学习生活中所需要的各种盲文文献和手册、指南等，并将其中的大部分书籍分发给属下的39个分支盲文图书馆、视障者组织等机构和团体。此外，韩国盲文图书馆还为盲人专门制作可连续播放50个小时的光盘，在一定程度上解决了盲人换盘不便的困难，并针对视障读者使用情况特别为他们设计了检索光盘文献的特殊检索系统[52]。

韩国第一个网上盲人图书馆于2002年8月21日开放，是由一个非营利组织为有视力障碍的人建立的。此前，韩国数字鸿沟委员会宣布将这一图书馆命名为“开放数字”。盲人通过一个声音识别软件，可以听到显示屏上出现的单词。这一图书馆的建立旨在缩小残疾人之间的信息鸿沟[53]。

（三）加拿大

1906年，埃德加·罗宾逊（Edgar Robinson）创立了第一个免费的盲人图书馆。

1917年，该馆改名为加拿大国家盲人图书馆。1997年，加拿大图书馆协会制定了《加拿大为残疾人士图书馆和信息服务指南》（Canadian Guidelines on Library and Information Services for People with Disabilities）。该指南从图书馆的任务、立法、规划、公共服务、馆藏、资源共享、建筑设施、课程等方面为残疾人上使用图书馆服务提供指引[54]。此项指南为保障残疾人公平获取信息的权利，为顺利开展面向残疾人的服务打下了坚实的基础。

加拿大图书馆界为残疾人服务是通过公共图书馆和高校图书馆两个系统来实现的。其中加拿大国家盲人协会（The Canadian National Institute for the Blind，CNIB）图书馆（CNIB Library for the Blind）是公共图书馆服务的代表，也是加拿大图书馆界为残疾人服务的中心。

加拿大图书馆界共同努力编制了供残疾人使用的由30个加拿大图书馆和可替换格式资料生产者提供的可替换格式资料联合目录（The Canadian Union Catalogue of Alternate Format Materials）。这个联合目录列举了100 000本大字本书、连续出版物、盲文、音频及其他电子格式文献资料，是图书馆书目数据库的一部分，650个加拿大图书馆的读者都可以在线检索书目[55]。

加拿大国家盲人协会（CNIB）图书馆于1998年开始计划将全部馆藏数字化，创建视障者数字门户。CNIB的视障服务是全加拿大最综合、最宽泛的，它的服务对象既包括盲人、低视力者，还包括老人、儿童，既有室内培训，又有室外培训，让人们通过其提供的无障碍设备，获得专业的图书馆信息服务[56]。此项目受版权法限制，只面向视障注册用户提供服务。2002年，又协同微软构建世界上第一个专为盲人和视力受损儿童建立的网络门户——集成数字图书馆系统（The Integrated Digital Library System）。

在为残疾人服务方面，公共图书馆和高校图书馆各有特色，其高校图书馆的服务更值得我们学习。加拿大各高校专门成立了残疾学生服务办公室，加强残疾学生办公室与图书馆的联系，并向为残疾学生服务的馆员提供经费[57]。由于残疾学生大部分都缺少使用图书馆的经验，所以图书馆选派专门的工作人员代表图书馆为残疾学生提供特殊服务，例如：为视障及行动不便的学生提供检索及获取图书的帮助；做参考咨询工作时为聋哑学生提供翻译，为残疾学生提供图书馆方位及书目指南，便于他们独立地学习和进行科学研究；与学生保持联系，成立

“残疾学生咨询委员会”,及时听取学生的意见。图书馆还注意积极启发图书馆员为残疾人服务及满足残疾学生需求的意识,使门卫到参考咨询人员都可以有效地协助残疾学生利用图书馆。

在建筑设施方面,加拿大高校校园通往图书馆的道路都有残疾人专用的轮椅走道，通道直接连到电梯口，出电梯后的通道又可通往各阅览室，残疾生可自由往返图书馆及阅览室。学术报告和演讲录像,一般在加配手语翻译或字幕解说后,通过闭路电视为残疾人放映,教科书等则有专门为盲人服务的有声读物[58]。

(四)巴拉圭

巴拉圭首家盲人数字图书馆于2007年12月3日(国际残疾人日)正式上线,盲人读者只需登录该图书馆的网站便可足不出户用耳朵“听”书。该图书馆目前收录了2.2万本电子图书,是全世界第一家专门为盲人免费服务的西班牙语数字图书馆,采用JAWS读屏软件,将文字转化成声音,从而帮助盲人“浏览”网页或“阅读”电子版图书[59]。

第三节　结论分析

在解决资源匮乏问题上,国外主要采取了如下措施:图书馆自行录制部分馆藏,建设数字资源和培训视障群体使用网络自主获取网上资源,如盲人数字图书馆等;制定相应政策、标准推动资源建设的标准化、资源统一揭示和馆际互借、共享。例如,美国早在20世纪70年代就在国会图书馆盲人和身体障碍全国服务部领导下,建立了包括160个地区和分地区图书馆的服务网络,国会图书馆每年还制作可转换格式的图书2000册,进行统一编目,支持图书馆提供统一的标准化的高质量服务。20世纪70年代,美国盲人服务标准与检验委员会(COMSTAC)制定《盲人与视觉障碍者阅读资料制作标准》,统一盲人资料制作规格,促进资料流通与相容。丹麦1980年建立了有声图书出版登记制度,有声图书生产协调委员会、并使之进入国家书目等。在日本,20世纪70年代随着残疾人图书馆服务的开展,也制定有盲文、录音、大字本资料等互借规程等。在英国,20世纪90年代Share the Vision项目推动建立了该国特殊载体资料国家联合目录[60]。在韩国,2003年,国家图书馆建立了由残疾机构或视障图书馆制作的盲文、有声图书等可选择性载体资料的统一目录。项目首先从32个机构和图书馆收集来各自目录,根据韩国MARC修改,之后将完成的标准化目录上传到韩国图书馆信息系统网络(www. nl. go. kr/kolisnet)和国家图书馆视觉障碍群体网站(Sigak. nl. go. kr/kn)。国家图书馆希望通过共享目录系统提供面向所有用户的馆藏信息细节,减少重复采购。截至2006年,韩国国家图书馆已拥有14万条可选择性载体资料记录[61]。

但是,需要指出的一点是,发达国家为残疾服务存在多个提供主体,如残疾机构、盲人图书馆、公共图书馆等。这样的联合目录等建设就很有必要,多数国家都是由国家图书馆或盲人图书馆负责起这样的责任。那么在国内仅有一家盲文出版社具有相关资料出版权情况下,上述经验能否借鉴,是否可行? 如果可行,进一步需要考虑的问题是版权问题、强有力的领导或协调中心及分级共享网络的设置,录制什么馆藏,残疾群体需求如何。此外,要使视障人群能够使用OPAC进行统一检索,图书馆网站的信息无障碍改造可能需要提到日程。

还需要注意的一个问题即技术在为残疾群体带来前所未有的际遇的同时,还带来了新的不平等。不少研究表明,很多国家沦落在数字鸿沟一端的很多是残疾人群。有研究也表明,一些残疾人在ICT技术利用上存在如下障碍,例如缺乏兴趣、认识不足、没有意识到有供自身享用的电脑、网络等;电脑和网络成本高、花费大、经济困难导致的获取利用困难;缺乏相应使用培训;缺乏后续持续支持等。正因为如此,很多国家投入大量资金,促进残疾人群等弱势社群的电脑和互联网的享有,弥合数字鸿沟。例如,韩国从2001—2010年,政府投资45亿缩小数字鸿沟,信息和商务部制定了两轮弥合数字鸿沟规划,建立一个信息易于为所有人获取的环境。下表反映了规划对残疾群体等弱势社群成为互联网用户的期待[62]。

表2-2 韩国各类被期望成为互联网用户的弱势社群数量(单位:人)

Type	2006	2007	2008	2009	2010	Total
残疾群体	77 000	82 000	82 000	82 000	77 000	400 000
低收入阶层	150 000	150 000	150 000	150 000	150 000	750 000
老年人群	500 000	610 000	630 000	630 000	630 000	3 000 000
偏远地区居民	165 000	175 000	170 000	170 000	170 000	850 000
合计	892 000	1 017 000	1 032 000	1 032 000	1 027 000	5 000 000

技术这一双刃剑还促使我们更多思考下述问题:残疾群体到底需要的是什么,残疾群体从图书馆服务中受益之处到底是什么,是信息和知识的获得,是娱乐休闲的需要,是对非正式社会支持的需要,还是通过这一公共领域获得融入主流社会的机会、窗口?图书馆对于残疾群体到底发挥了什么作用,信息无障碍到底是手段还是目的,图书馆信息无障碍服务最终目的是什么?

国外一些好的案例和研究表明,大部分视障者不愿只局限于视障群体的圈子中,他们对融入主流社会具有强烈愿望。在提供技术带来的好处外,作为公共领域、公共机构或者说"场所"的公共图书馆还担负着或应担负起其他更多作用。比如促进残疾人群之间以及与其他人群之间的交互、交流,并进而建立理解和信任,通过服务活动开展为残疾群体提供家庭等之外的非正式社会支持等。获得2003年英国CILIP"图书馆改变生活"服务创新奖的英国朴次茅斯市图书馆的"视觉障碍者信息技术培训项目"(eye2eye: the visually impaired IT project)案例。对于图书馆作用的思考和明确,将帮助我们更理性地看待当前残疾群体服务利用匮乏问题,同时更关键的是让我们站在残疾人用户自身的需求和立场想问题。

国外相关研究还表明,为残疾人群服务上最重要的一点是具备超前意识,即图书馆必须预期到残疾人的需求,必须培养一批训练有素的队伍来为他们服务,必须使图书馆的网络资料、书目记录,以及各服务项目都能为他们使用,网络测试应邀请这些用户参加,了解他们在使用过程中的真正体会[63]。美国图书馆协会2001年颁布的残疾人服务政策政策明确提出如下建议:"所有图书馆和信息学研究生培养计划都应要求学生学习易利用问题、辅助技术、残疾用户以及残疾员工的需求,以及影响图书馆服务的相应的残疾人士权利法律。""图书馆应为所有图书馆雇员和志愿者提供培训机会,使他们对影响残疾人的问题敏感,并教授他们为残疾用户提供服务以及与残疾同事共事的有效技巧。”[64]

这些都表明加强为残疾人群服务工作人员服务意识、专业知识和技能，以及其他方面的培训和交流的重要性，值得国内同行借鉴。

参考文献

[1][9]International Federation of Library Associations and Institutions IFLA Professional Reports, No. 89[R/OL]. [2012-10-08]. http://www.ifla.org/files/assets/hq/publications/professional-report/89.pdf.

[2]Web Content Accessibility Guidelines (WCAG) 2.0 [EB/OL]. [2012-10-08]. http://www.w3.org/TR/WCAG20/.

[3-4]刘炳芳. 图书馆无障碍网页设计研究 [J]. 图书情报工作, 2008 (11).

[5] International Federation of Library Associations and Institutions IFLA Professional Reports, No. 24 [R/OL]. [2012-10-08]. http://www.ifla.org/VII/s9/nd1/iflapr-62e.pdf

[6][34]陈兰,姚炜. 多媒体数字无障碍信息技术与日本为阅读障碍人群服务的实践[J]. 图书馆建设,2008(8).

[7]DAISY[EB/OL]. [2012-10-08]. http://www.daisy.org.

[8]Specifications for the Digital Talking Book [S/OL]. [2012-09-08]. http://www.niso.org/workrooms/daisy/Z39-86-2005.html#WCAG.

[10][14][18-19][21]夏凡. 美国图书馆界为残疾人服务的基本现状[J]. 图书馆杂志,2006(7).

[11]周志容. 关于无障碍图书馆建设与发展的思考[J]. 内蒙古经济与科技,2010(19).

[12]张玫. ALA 弱势群体政策及对我国图书馆参与建设和谐社会的启示[J]. 大学图书馆学报,2006(1).

[13][41-42]郝建南. 国外图书馆弱势群体服务制度略探[J]. 图书馆,2011(4).

[15]杨江平. 服务与公平[J]. 新世纪图书馆,2008(4).

[16]齐向华,付宁. 试论公共图书馆的信息无障碍服务[J]. 情报科学,2009(3).

[17]齐向华,付宁. 面向视障用户的网络无障碍问题研究[J]. 国家图书馆学刊,2009(3).

[20]邸俊菊. 美国北泽西残疾人图书馆及其启示[J]. 图书馆杂志,1997(2).

[22]王妍,王延忠. 关于建立我国盲人图书馆的设想[J]. 图书馆学刊,1998(4).

[23]张莹莹,高恩山. 美国公共图书馆残疾人服务的启示[J]. 图书情报论坛, 2008(2).

[24]韩宇. 美国五所大学图书馆残疾读者服务介绍与思考[J]. 四川图书馆学报,2007(2).

[25]王素芳. 国外公共图书馆弱势群体服务的发展研究(一)[J]. 图书馆,2010(1).

[26][50][53][59]江淑洁. 我国盲人数字图书馆建设概况[J]. 图书情报工作,2009(9).

[27]王素芳. 国外公共图书馆弱势群体服务的发展研究(三)[J]. 图书馆,2010(3).

[28][45-46]张赟玥,赵英,徐恩元等. 面向视障用户信息需求的国际研究案例探析[J]. 图书馆建设,2009(6).

[29][49]唐建华. 公共图书馆与盲人服务[J]. 图书馆理论与实践,2005(6).

[30]肖永英,梁培之. 英国为视障人士提供的图书馆服务[J]. 图书馆建设,2006(4).

[31]潘薇. 英国北安普敦大学图书馆的网络化服务[J]. 江西图书馆学刊,2007(3).

[32]赵雅洁. 英国公共图书馆的特色服务[J]. 江西图书馆学刊,2007(1).

[33]日本残疾人基本法[EB/OL]. [2012-10-08]. http://www.cdpf.org.cn/2008old/zcfg/content/2004-11/16/content_50424.htm.

[35-37]王筱雯. 日本公共图书馆为残疾人服务的思考[J]. 图书馆学刊,2002(2).

[38]吴玲芳,戴丽. IT 时代日本公共图书馆为视障读者的信息服务[J]. 图书馆,2003(1).

[39] Library and Information Services for People with a Disability[EB/OL]. [2010 - 06 - 08]. http://www. alia. org. au/policies/disabilities. html.

[40] Guidelines on Library Standards for People with Disabilities[EB/OL]. [2010 - 06 - 08]. http://www. alia. org. au/policies/disability. standards. html.

[43] Kirsty Williamson, Don Schauder, Amanda Bow. Information Seeking by Blind and Sight Impaired Citizens: An Ecological Study [J/OL]. [2010 - 06 - 08]. http://informationr. net/ir/5 - 4/paper79. html.

[44] 徐汉荣. 国外高校图书馆为残疾读者服务及其启示[J]. 图书馆工作与研究,2006(1).

[47] Report on the Zero Measurement of the Accelerate User Survey [EB/OL]. [2012 - 10 - 08]. http://www. lib. uom. gr/accelerate/deliverables/m0rep. doc.

[48] 刘英华,李福坤. 盲人数字图书馆_功能需求与技术架构的分析[J]. 图书馆学研究,2010(3).

[51] 金明华. 公共图书馆对残疾人服务政策的研究[J]. 科技经济情报与开发,2009(17).

[52] 周世江. 韩国的盲人图书馆[J]. 中国残疾人,2004(2).

[54] Canadian Guidelines on Library and Information Services for People with Disabilities[EB/OL]. [2010 - 06 - 08]. http://www. cla. ca/AM/Template. cfm? Section = Position_Statements&Template = /CM/ContentDisplay. cfm&ContentID = 4065.

[55] 夏凡,部向荣. 加拿大图书馆界为残疾人服务之现状及启示[J]. 图书馆建设,2008(3).

[56] CNIB Rehabilitation and Support Services [R/OL]. [2012 - 07 - 08]. http://www. cnib. ca/en/services/vision - support.

[57] ARL Statistics 2004 - 05[R/OL]. [2007 - 04 - 08]. http://www. ar1. org/bm - doc/arlstat05. pdf.

[58] Purduc Univcrsity Library: Purdue E - Pubs[EB/OL]. [2007 - 06 - 08]. http://docs. 1ib. purdue. edu.

[60] 王素芳. 中外弱势群体图书馆信息服务比较研究[D]. 北京:北京大学,2005.

[61 - 62] Young Sook Lee. Integrating People with Disabilities into Mainstream Library Services [R/OL]. [2012 - 10 - 08]. http://archive. ifla. org/IV/ifla73/papers/128 - Lee - en. pdf.

[63] 储荷婷,张茵. 图书馆信息学[M]. 北京:中国人民大学出版社,2007.

[64] Library Services for People with Disabilities Policy [EB/OL]. [2009 - 04 - 08]. http://www. ala. org/ala/mgrps/divs/ascla/asclaissues/libraryservices. cfm.

第三章 国内图书馆界对残疾人服务的理论研究及前期实践

第一节 理论研究

我国关于图书馆视障群体服务的研究始于20世纪70年代末，主要是介绍国外图书馆向盲人提供服务的情况，文献数量较少。20世纪90年代初期，随着国家对于残疾人生存境遇的关注和各种政策的出台，我国图书馆界也掀起了对残疾人服务研究的热潮。信息无障碍在图书馆的发展研究是最近几年兴起的热点。

一、基础理论

在对中国期刊全文数据库(CNKI)、中国知网国家科技成果数据库、万方数据库等国内中文资源库进行搜索后发现，国内业界对残疾人数字图书馆的理论研究主要包括基础理论研究、相关衍生问题研究。基础理论研究包括对残疾人数字图书馆及其服务发展方向的宏观研究，探索服务模式与服务理念。主要涉及以下研究热点：何为信息无障碍、公共图书馆开展助残服务的法理基础、关于加快制定国内服务的相关法律和标准、面向残障人士服务应具有实用性、个性化特点，图书馆间实现信息资源共建共享等。一般公认，信息无障碍就是利用现有的计算机硬件设备、电话设备、软件设备和网络基础设施，通过一定的协议连接起来的电子网络环境，有电话、短消息以及服务网站等多种接入方式，具有IVR自动语音应答、客户自助服务、人工坐席语音应答等多种服务方式，有效地为残障人士朋友服务[1]。研究表明，数字图书馆服务应体现人文关怀，面向不同类型残疾人提供相应服务，还应加强在资源建设、经费来源、了解需求、宣传推广等方面的工作。囿于残疾人数字图书馆服务实践展开的程度，此部分研究还有待于进一步深入。相关衍生问题研究包括在各个层次上对残障数字图书馆具体服务模式的探讨。主要涉及残障数字图书馆技术平台的构建、基于Web的信息参考咨询等服务模式、多媒体推送形式的具体设计实现、残障读者获取图书馆知识的特点及应对措施等等。此部分研究认为诸如屏幕阅读器、语音合成软件、头盔式点击设备、电子触摸屏、盲文输出设备、Lynx文本浏览器等软硬件信息技术，以及基于DAISY等信息存取系统的信息资源建设的发展[2]，为图书馆加强信息无障碍服务提供了可行性。提出残障数字图书馆在无障碍网站页面布局、导航、文本、多媒体和功能模块设置等层面的设计策略[3]。研究视障人士听书——电话语音图书馆工作系统[4]，指出针对残疾人的知识需求特点进行重点门类的多媒体文献资源建设，建立以图书馆为核心的知识援助协作网，如国家盲人或残疾人数字图书馆与国内各类国家级数字图书馆的协作、与全国文化信息资源共享工程的协作[5]，将推动全行业信息无障碍的发展进程。通过比对国外实践，建议我国试用以电子邮件、实时文本及音频聊天为形式，基于网络会议软件的虚拟参考咨询服务，同时加强与软件开发商合作，研发服务残疾用户需求的参考咨询、网络导航服务软件[6]。

以上两个层面的研究齐头并进，基础理论指导相关衍生问题；衍生问题领域有了创新，又会推动基础理论研究的开展。随着三网融合和无障碍技术手段的创新，未来残障人士数字图书馆的主要发展方向将会是以各种手持终端为载体的移动数字图书馆服务[7]。

二、科研项目支撑

调研中发现，以“图书馆服务残障人士”为主要研究对象的国家级、省级重点课题只有一项；现已开展或完成的研究多是其他相关领域课题的延伸或分支，图书馆信息无障碍服务在单一课题研究领域还有待开垦。

“弱势群体知识援助的图书馆新制度建设”（项目编号：05ATQ002）是国家社科基金重点项目，武汉大学信息管理学院承办，北京大学、北京师范大学等单位参与研究，项目负责人王子舟，2005 年立项，2007 年 12 月结题。《北京市残疾人阅读及公共图书馆利用情况的调查报告》和《图书馆如何对残疾人实施知识援助》是主要研究成果。经过研究，项目组指出，残疾人阅读书刊的第二大渠道就是从图书馆（室）借阅，他们希望图书馆提供更多免费服务、充实馆藏、及时更新书刊、增加无障碍设施和手语服务、开展丰富多彩的活动、举办计算机培训等[8]。研究对国内外图书馆的知识援助实践进行了细致梳理，提出进行知识援助的内容与技巧，指出无障碍环境建设、特殊文献资源建设、残疾人数字图书馆建设是图书馆对残疾人服务的基本点。此课题研究既有实际调研，又有理论分析，材料扎实，提出的观点具有前瞻性和可操作性，为同类研究的展开提供了依据。

《面向视障用户信息需求的国际研究案例探析》[9]是 2008 年度四川省科技厅软科学项目“构建和谐四川的信息无障碍支持体系研究”（项目编号：08RKX0101）系列研究成果之一，在整合分析国外研究实例基础上，提出了我国面向残障用户的图书馆以及相关机构的服务运作模式。其中，针对国外相关研究的资料研究很翔实、深入。

《信息无障碍视角下网站的导航设计》是国家社科基金项目“信息平等意义上的无障碍网络环境构建研究”（项目编号：06BTQ012）的研究成果之一。它从信息无障碍的角度，提出设计无障碍网站导航应遵循的原则以及具体的设计策略，指出今后应加快网络无障碍相关法律、标准的制定和网站无障碍设计的研究工作[10]。

《多通道界面对残障网络用户的人文关怀》是国家社科基金项目“网络用户信息行为研究”（项目编号：04BTQO25）的研究成果之一，介绍多通道界面是基于视线跟踪、语音识别、手势输入、感觉反馈等新的交互技术[11]，是残障用户克服信息障碍的必由之路。

《图书馆服务视障读者研究》为 2008 年浙江省台州市教科规划项目“公共图书馆对弱势群体的信息扶持”（课题编号：G81013）的研究成果之一，从盲文出版物、组织机构、服务方式、盲人数字图书馆等方面分析了我国图书馆在为视障人士服务方面与国外发达国家图书馆之间的差距，并就存在的问题提出了具体的解决措施[12]。

此外，以应用技术成果呈现的还有厦门图书馆吴顺祥、王丽等人合作完成的“残疾人短信图书管理服务系统”。此系统实现了短信系统和 ILAS 系统一体化的无缝连接，使残疾人读者能方便地通过短信进行图书的检索、预定、催还和续借，可以提供 7×24 随时随地双向交互式的实时服务[13]。

三、信息无障碍标准研究

根据《中华人民共和国残疾人保障法》对信息无障碍服务作出的规定，要求各级人民政府和有关部门采取措施，为残疾人获取公共信息提供便利。信息无障碍的标准与制作规范在相继出台。

（一）我国网站无障碍标准的制定情况

2006 年，在政府推动下，工业和信息化部与中国残联紧密合作，广泛联络社会福利部门、网络运营企业、信息服务提供企业、系统集成与产品开发企业等相关部门，对国内信息无障碍服务需求进行深入的调查了解，跟踪借鉴了发达国家的先进技术，对网站信息无障碍技术进行了充分的交流讨论，在达成了互联网行业内广泛共识的基础上，制定了《信息无障碍—身体机能差异人群—网站设计无障碍技术要求》技术标准。

2008 年 3 月，该标准通过了工信部的所有行业协调及监督审查手续，被批准为工信部行业标准并由工信部正式发布实施，标准号为 YD/T 1761—2008，这是我国第一个网站无障碍技术标准，是在国内外相关部门广泛参与、共同协商的基础上推出的，目前已经作为政府网站和社会门户网站的无障碍建设技术依据得到执行。

（二）推动新标准的制定

伴随着社会的进步科技的发展，残疾人在网络应用服务需求上也日新月异，2008 年制定的《信息无障碍—身体机能差异人群—网站设计无障碍技术要求》YD/T 1761—2008，已经不能满足残疾人网上服务需求。2010 年，在中国残联信息中心和工业和信息化部的推动下，以 2008 版标准为基础开始制定网络无障碍新标准，该新标准经过多次讨论，充分采纳了残疾人实际需求，得到了盲协、聋协的认可，并从网站长远运营等方面考虑，新标准的制定将更符合中国国情与中国残疾人群网络应用，该新标准有望在 2012 年出台并得到推广。

（三）制定多类残疾人无障碍上网解决方案

该方案是解决多类残疾人以及老年人在无障碍上网问题，需要落实无障碍标准，使互联网内容对残疾人而言可感知、可操作、可理解，并满足兼容性要求。无障碍上网解决方案针对不同残疾人自身特点采用先进技术开发专门的残疾人上网辅助软件和硬件，并对已有的网站进行无障碍改造，确保新开发的网站遵循无障碍标准，帮助残疾人无障碍地获取信息，进行交流，从而提高残疾人的心理自信和生活质量，帮助残疾人获得平等的教育和就业机会，使其平等地参与社会生活，共享社会物质文化成果。

无障碍上网解决方案依照信息无障碍的四项原则，在顾及所有残疾人的基础上，着重为四类残疾人提供了有针对性的方案，该方案包括为低视力人群强化视觉信息、为全盲人群提供辅助信息、为聋人消除听觉信息障碍、为肢残人群提供新操作手段及其他无障碍上网技术等几方面制定解决方案。

无障碍建设参照国际标准 WCAG2.0 分为可感知、可操作、可理解、可兼容四个方面，在具体网站应用上应满足盲人、聋人、肢体残疾、低视力、老年人等用户群体的需求，如网站出现有视频类信息应添加相对应字幕供聋人观看，网站图片应添加注释，当盲人用读屏软件浏览该信息时可读取图片注释，为低视力、老年人用户添加辅助浏览工具，包括字体放大、颜色对比度变换、浏览辅助线等技术，帮助他们流畅浏览网站信息。

（四）新版标准相关内容

新版《信息无障碍—身体机能差异人群—网站设计无障碍技术要求》标准规定了无障碍上网的网站设计技术要求，其中包括网页内容的可感知要求、接口组件的可操作要求、网站内容和控制的可理解要求、内容对现有和未来可能出现技术的支持能力要求等。

本标准适用于网站的拥有者、网站管理人员、网页开发者设计、开发和管理无障碍网站，同时适用于身体机能差异人群、有特殊需求的健全人使用。

1. 定义

信息无障碍，是指无论健全人还是残疾人、无论年轻人还是老年人都能够从信息技术中获益，任何人在任何情况下都能平等地、方便地、无障碍地获取信息、利用信息。

2. 非文本处理

验证码（等级1）：如果网页中存在非文本验证码，那么应提供适合多种残疾人和有特殊需求的健全人使用的替代表现形式。

验证码（等级2）：如果网页中存在非文本验证码，那么应提供适合多种残疾人和有特殊需求的健全人使用的不离开当前操作界面的替代表现形式（例如语音验证码）。

3. 文本处理

文本大小调整（等级3）：无须使用辅助技术即可对网页的字体大小进行调整（字幕文本和图片文本除外），放大程度可达200%，字体放大后的显示结果不超出屏幕的左右边界，且放大后文字不能够相互重叠。

文本大小调整（等级4）：无须使用辅助技术即可对网页各个区块的字体大小进行调整（字幕文本和图片文本除外），字体放大程度可达200%，字体放大后的显示结果不超出屏幕的左右边界，且放大后文字不能够相互重叠。

无障碍文本形式（等级5）：对于文本块的视觉呈现，提供一种机制来实现下列效果，包括：前景颜色和背景颜色可以由用户选择；宽度不超过80个文字或符号（如为中日韩统一表意文字，则不超过40个字）；文本不调整（不要左右两端对齐）；段落内的行距至少为1.5倍，且段落间距至少比行距大1.5倍；无须使用辅助技术即可调整文本大小，最多可调整到200%，字体放大后的显示结果不超出屏幕的左右边界，且放大后文字不能够相互重叠。

文本对比（等级4）：文本视觉呈现的亮度对比率至少应达到4.5:1。但下述情况按相应要求处理：大字文本亮度对比率至少为3:1；当文本作为非活动的用户界面组件的一部分，是纯装饰的，或对任何人均不可见，或是一个包含其他重要视觉内容的图片的一部分，则没有亮度对比率要求；作为标识或品牌名称的一部分的文字，没有最低亮度对比率的要求。

文本对比（等级5）：文本视觉呈现的亮度对比率至少应达到7:1。但下述情况按相应要求处理：大字文本的对比率至少为4.5:1；当文本或文本图像作为非活动的用户界面组件的一部分，是纯装饰的，或对任何人均不可见，或是一个包含其他重要视觉内容的图片的一部分，则没有亮度对比率要求；作为标识或品牌名称的一部分的文字，没有最低亮度对比率的要求。

4. 多媒体处理

多媒体（等级2）：为多媒体信息提供内容概要。

预录多媒体（等级3）：对于预先录制的多媒体，要提供音视频中语音信息的替代文本，提供一个直接嵌入视频流的开放字幕或提供一个封闭字幕。

预录多媒体（等级5）：对于预先录制的多媒体，其中任何必须依靠视觉、听觉感知的信息，要提供相应的语音描述、文本描述，或提供全部多媒体内容的文本替代描述信息。

实时多媒体（等级4）：对于实时多媒体，要提供音视频中语音信息的替代文本，提供一个直接嵌入视频流的开放字幕或提供一个封闭字幕。

多媒体手语视频（等级5）：为多媒体在视频流的一角提供手语视频或提供同步手语视频，

可以通过不同的观看途径来播放。

总的来看，我国关于图书馆为残障人士提供服务的研究已基本完成前期的介绍和引进性工作，真正的研究性文章和著述还相对较少。但随着我国经济社会的持续发展，社会权利意识的觉醒，以及相关法案的修改、社会保障体系的完善，此领域的深入和综合性研究必将成为图情界的研究重点之一。以本书为例，编者在残障人士数字图书馆服务实践的基础上，已着手进行无障碍相关标准研究，力图为我国图书馆界无障碍服务工作的可持续发展注入绵绵动力。

第二节　前期实践

在我国图书馆的服务对象中，残疾人读者是比较特殊的一个群体。目前，虽然很多图书馆引入了信息无障碍的理念，但是长期以来，我国公共图书馆为视力残疾人和盲人提供服务的手段比较单一，且效率低下，能够提供服务的范围也相应受限。这显然有悖于以“大众共享”、“社会公平”为显著特征的和谐社会的建设目标，也同样有悖于图书馆一贯秉承的公共服务理念。

本书旨在深入研究面向残疾人的数字图书馆的资源建设、组织形式、提供方式等一系列问题，将适合中国国情的残疾人数字图书馆模式在业界推广，普遍提升国内残疾人数字图书馆的服务水平。从这个意义上说，对国内残疾人图书馆服务现状进行摸底排查，充分调研国内公共图书馆残疾群体服务开展的程度和作用，将是课题得以推进的基础。

根据以上目标，本部分将基于以下主要议题展开：①调查当下图书馆面向残疾人服务的形式，是否应用了信息无障碍技术，应用的程度如何，还有哪些可以提升的空间。②发掘图书馆为残疾人服务存在哪些困难和瓶颈。③根据国内残疾人图书馆发展现状，分析残疾读者需要哪些资源和服务。

本书从资源和服务投入及利用角度，分析图书馆进行残疾人数字服务的成效，并在此基础上提出残疾人数字图书馆未来的发展方向。

一、国家图书馆服务现状

多年来，国家图书馆在推进残疾人公共文化服务建设方面做了大量细致而持续的努力，协同中国残疾人联合会等相关单位，通过赠书、读书等丰富多彩的文化活动，开展为残障人士的服务。

国家数字图书馆工程开工以来，把对残障人士的服务也作为工程建设的一项重点。2008年，与中国残联信息中心、中国盲文出版社共同建设的“中国盲人数字图书馆”，是专门为视障群体提供知识信息服务的无障碍网络平台。全站经过无障碍技术改造，用户可通过读屏软件或网站提供的浏览辅助工具便捷使用电子图书、有声读物、音乐、讲座等资源。网站实现了公安部中国残疾人基础人口库与国家图书馆读者认证系统的挂接，持有二代残疾证的用户在网站进行注册并登录后，可在线阅读3700本中外文书籍，涉及哲学、社会科学、政治、经济、文学、历史、医药卫生等领域；下载收听涵盖法律、科普、学习资料等内容的320本有声读物，欣赏4899首西方古典音乐及国家图书馆举办的751场讲座。自2008年10月14日开通以来，已有来自全球114个国家的185万人访问过中国盲人数字图书馆网站，点击数达到7800万次。网站受到盲人读者及社会各界的关注和普遍认可。

2011年4月23日，中国残联与国家图书馆的共同努力，成立了“全国残疾人阅读指导委员会”，与全国图书馆的同仁一道，分享经验、交流合作，关心、关怀和帮助残疾人阅读，拓宽我国残疾人文化服务渠道和空间，为残疾人提供更加优质的服务。同时在国家图书馆新馆馆区内还开设了盲人阅览室、盲人数字图书馆示范区，方便到馆残疾人利用图书馆。

国家图书馆在建设残疾人数字阅读体系中迈出了坚实的一步，更大范围地将残疾人纳入了图书馆公共文化服务领域。

二、地方图书馆服务现状

(一)数据来源

本书数据是基于文献资料、实地调研和问卷回访三方面分析所获，具体说来，一是文献资料调研结果。我们通过调研中国期刊全文数据库(CNKI)、中国知网国家科技成果数据库、中国残疾人事业年鉴等相关资料，对我国图书馆残障人士服务起源与发展作出梳理。二是源于实地调研资料。我们挑选了深圳图书馆视障阅览室、西城区图书馆视障人阅览室、长春大学图书馆残疾人阅览室等几家有代表性的公共图书馆、社区图书馆和大学图书馆进行了实地调研，获得了第一手的资料。三是问卷调查数据。面向四川省图书馆、山西省图书馆、天津市图书馆、成都锦江区图书馆等各级各类图书馆，进行了问卷调查。面向残联高级官员进行需求调研，由此分析残疾读者真实需求。

(二)数据分析

1. 传统服务方式

在针对特殊群体的数字图书馆建设之前，我国公共图书馆目前在为残疾人服务方面采取的服务举措主要可归纳为如下几方面(见下表3-1)：

①在进入门槛上，从经济方面和无障碍设施两方面给予保障。例如在办证上给予免费或优惠(不收工本费，不收注册费)等，建立盲道、残疾人专用洗手间，提供导引和标识服务等。广州市15家图书馆中有9家提供了无障碍通道[14]。

②设立专门服务区域，如残疾人阅览室、老年人和残疾人共用阅览室、康复文献阅览室、视障人阅览室、盲人阅览室或盲人电子阅览室等，主要提供辅助设备使用、盲文图书及视听资料借阅等服务。

③在馆外建立分馆就近提供服务或为行动不便的身体残疾人和视障人群送书上门。例如，杭州市图书馆在特殊教育学校建立分馆，同时向社会开放。

④电脑、网络、数字资源服务。例如电脑培训、电脑网络使用辅导等。国家图书馆、广州市图书馆、辽宁省图书馆等都开展此类服务。

⑤开展相关活动。如手语世界、讲电影、桥牌、朗诵比赛等。辽宁省图书馆、北京西城区图书馆都开展了此类活动。

表 3-1　图书馆面向残疾人群开展的服务项目

服务举措或活动		占被调研馆比例(%)N=23
（无障碍设施）建设	有专用洗手间等设施	52.17
	铺设盲道等无障碍设施	47.83
	进馆图书馆员提供导引服务	43.48
	图书馆内设有盲人可识别标识	34.78
	提供轮椅、盲杖等设置	8.7
	免费办证借阅	78.26
	优惠办证借阅	43.48
	开辟残疾人或视障人专门阅览区域	60.87
	设立残疾人专座	17.39
盲文资料、视听资料借阅	送书上门服务	47.83
	提供盲文图书阅览、外借	39.13
	提供有声读物/视听资料	26.09
	提供(志愿者)朗读服务	13.04
	邮寄图书	4.34
教育和信息	专题讲座、座谈会	26.09
	咨询服务(法律、心理、医疗等)	21.74
	举办按摩等职业技术培训服务	4.3
电脑网络服务	盲人专用电脑、软件等设备	34.78
	电脑、网络辅导服务	30.43
	盲人电脑培训班	30.43
	上网浏览、数字资源、学习包等	47.83
举办其他活动	如手语世界、讲电影、桥牌、朗诵比赛等；无障碍电影开发	8.7
合作服务	与残联合作开展活动	39.13
	与其他特殊教育学校合作	13.04

从上表 3-1 看，在我国，为残疾群体服务的项目主要集中在馆内服务和馆外延伸服务两个方面，但仍以馆内服务为主。第一类服务项目主要是解决盲道、设施等物理无障碍问题，消除进入门槛。第二到第五类措施开始涉及信息交流和信息服务无障碍层次。

排在前几位的服务项目为免费办证(78%)，开辟残疾人或视障群体专门阅览区域或设置专座(78%)，有专用洗手间(52%)，有盲道(48%)，送书上门(48%)，提供盲文图书借阅(39%)，与残联合作开展活动(39%)，电脑网络服务(30%左右)。从中可以看到，我国图书馆残疾群体服务仍以物理无障碍建设和传统借阅服务为主。

在服务活动方面，与残联合作开展活动，提供电脑网络服务是近些年发展重点。其次则是专题讲座、心理咨询等服务。职业技术培训、对面朗读、讲电影和无障碍电影制作、桥牌、手语世界等活动开展零星。尽管活动形式还不太多,也很少长期持续开展,但已开始趋向多样化,也出现了一些优秀的实践案例。就本项目对合作服务的进一步调查看(如下表3-2),近70%的被调研图书馆称在残疾服务上与外界开展合作。合作机构主要有:特殊教育学校,残联及其他残疾人服务机构,盲人工厂、按摩诊所等残疾人聚集点等。合作的方式方面:半数以上图书馆是主动联系对方机构(如联系当地残联组织等开展活动),部分采取与外部机构签订协议的方式长期开展活动(近23%),还有一些图书馆(14%)提到主要是在对方设立图书流通点,定期更换图书。从访谈调研看,图书馆通常需要采取积极主动的方式,注意寻找各种机会,与外界残疾群体所在机构或服务机构建立联系,取得其信赖。但是,合作的建立并非易事。不少被调研馆表示,开展合作时遭遇不少问题:图书馆缺乏经费和相应条件导致对方不愿合作;双方责任界定不清晰;合作机构存在看不到图书馆的价值或认为合作没意义、怕招惹麻烦等不信任心理,因此敷衍了事;合作机构和残疾群体自身变动性大等都会影响合作的开展。例如,辽宁省图书馆就提到与特殊教育学校联系时,学校领导、班主任、学生每隔一段时间会出现变动,就需要重新建立联系和信任,这给服务开展带来了相当大的困难。在这种情况下,社会责任心、持续的热情与做实事的信念,就是成功的关键。

表3-2　图书馆残疾群体服务开展中与外界合作情况

合作服务情况		图书馆比例(%)N=23
是否与外界开展合作	是	68.2
	无	18.2
	不清楚	13.6
合作方式	图书馆主动与残联联系	54.5
	与外部机构签订协议、长期开展活动	22.7
	在对方机构设立图书流通点,定期更换图书的方式	13.6
合作问题	图书馆缺乏经费和相应条件	25
	责任不清晰	10
	对方敷衍	5

2. 特殊人群阅览室等专门空间建设状况

为残疾群体设立专门阅览空间是近些年公共图书馆为残疾群体服务的主要举措。2003年,中国残疾人联合会发出倡议,希望各地残联能与当地的图书馆合作,积极创设盲人有声读物图书馆[15]。在此背景下,各地纷纷涌现出一批盲人图书馆(室),有代表性的有北京西城区图书馆的视障人图书馆、湖南图书馆颐而康盲人图书馆等。这些盲人图书馆(室)普遍配有盲文点显器和视障专用电脑,内装明盲文转换软件、语音读屏软件和盲文书籍文本文件[16],有些还配置了盲文刻印机、多功能数码助视仪等设备[17],同时提供面对面朗读、送书上门及计算机培训等服务。

据统计,截至2008年,省级盲文及盲人有声读物阅览室41个,市地级盲文及盲人有声读物阅览室 308 个[18]。(注:对于这一数据笔者无法更多考证。)从本项目文献调查和问卷调查看,截至 2009 年 3 月,有 100 多家公共图书馆为残疾人(更多是盲人)设立了专门阅览空间或坐席。这些阅览室大多数在 2000 年之后建立,建立方式有三种:公共图书馆独立设立、残联组织独立设立,以及公共图书馆和残联组织共同建立。

但是,在实地考察所发现的情况与统计数字反差较大。首先,各馆该类空间设置标准和情况参差不齐,在空间面积、附设部门等方面没有规范可循。有的市图书馆视障人阅览室面积达几百平方米,有的省图书馆设置面积仅十几平方米。越接近区、县等基层图书馆,情况则越差,有的可能早些年设有,但是由于利用不佳等原因,已取消或挪作他用。不少盲文盲人阅览室或坐席是根据该馆情况附设在某一个阅览空间中,如电子阅览室、过刊阅览室、特种文献或地方文献阅览室、科技文献阅览室等。例如,广州市图书馆、番禺区图书馆等在电子阅览室内附设盲人电子阅览室;海淀区图书馆在地方文献阅览室内放置盲文图书;国家图书馆在数字资源区内提供盲人专用电脑;首都图书馆原来单独设置的康复文献阅览室后与"一卡通"图书通还处合设;河南省图书馆爱心阅览室和小博士阅览室合并等。其次,实地考察和访谈均表明,这些空间的利用率很低。

既然现实情况表明专门空间设置与利用在一定程度上存在悖论,为什么近些年公共图书馆仍在大力建设专门阅览空间?问卷和访谈获得的数据表明,设置背景和原因主要可归为国家政策等"强制性要求"、社会需求和社会责任驱动等。

首先,国家和地方法规、政策或上级部门的强制要求。例如,《中华人民共和国残疾人保障法》(2008 年最新修订)规定"根据盲人的实际需要,在有条件的公共图书馆设立盲文读物、盲人有声读物图书室"。《北京图书馆条例实施办法》(2003)中规定,"公共图书馆应当建设无障碍设施,为残疾人提供方便。有条件的,应当开设残疾人阅览室。公共图书馆应当免费为残疾人和达到法定离、退休年龄的离、退休老年人办理借书证、阅览证"。不少省市出台的残疾人事业发展政策也有相应规定。2008 年,辽宁省委、省政府《关于促进残疾人事业发展的实施意见》规定,"辽宁省各级公共图书馆将在 2010 年底都建立盲人有声读物阅览室"[19]。此外,不少地区文明城市评估等也促使了盲文和盲人阅览室的设立。例如,2008 年 9 月,湖北省武汉市黄陂区图书馆盲文和盲人有声读物阅览室建立原因即:"9 月国家文明办将对我市创建'全国文明城市'进行测评验收,按照《全国文明城市测评体系》中《材料审核操作手册》第Ⅲ-40 条标准'市辖区域内有面向社会的二级以上图书馆,必须设立盲文及盲人有声读物阅览室',这是硬性指标,没有设立的必须建立。按其达标要求,我馆进行了积极的准备,自筹资金购置了 2 台电脑,购买并安装了有关盲人有声阅读软件,盲文书籍 20 册。"[20]

其次,图书馆评估定级需要。在我国现有的县级以上公共图书馆评估标准中设置了为弱势群体服务一项,指标包括残疾人通道、有残疾人阅览室、有专门服务措施等[21]。有三分之一的被调研图书馆选择此原因。笔者在北京、广州地区实地走访和对一线工作人员的访谈所获资料也证明了这点。北京地区很多老年人阅览室,视障人或盲人阅览室由于利用不佳开始闲置、取消或用做他途,但在评估前夕又开始重建。

再次,合作方推动也是原因之一,例如残联、特殊学校等有合作意向或需求。这点在 2007 年以来涌现的视障人阅览室建设高潮中体现的尤其明显。

此外,图书馆职业理念的进步,例如社会责任意识、馆长认识、延续之前服务传统等也是重要驱动因素。一些图书馆管理方提到必须先有这样的设施、空间,残疾人群才可能考虑来图书馆。还有图书馆提到,尽管相关空间利用率低,运行成本高,但是为残疾群体服务更主要的是要考虑社会效益和公平。

3. 基于网络的信息化服务状况

盲人图书馆(室)的出现对于充实残障人士的文化生活、丰富其知识接受渠道,起到了不可或缺的作用。但由于技术、资金、理念等多方面限制,各地盲人图书馆(室)提供的无障碍服务仍存在空间、区域的障碍,利用率并不高。一项调查显示距离远、设施不便、兴趣不高等成为远离图书馆(室)的主要原因[22]。基于此,有声化 OPAC、实时参考咨询、数字资源服务等基于网络的信息无障碍服务的重要性日益凸显,但目前国内图书馆界提供此类服务的图书馆仍屈指可数,面向残障人士的数字图书馆研究有待进一步深化。

上海图书馆于2001年创办了“网上联合知识导航站”,从高校和科研单位图书馆中聘请83位资深参考馆员担任导航专家,在线或以邮件形式回答读者提问。残疾读者利用这一系统,可以便捷获得各领域的专业解答[23]。此页面设计支持读屏软件的使用,尽管还存在一些无障碍访问上的障碍,但基本可以满足视障用户的使用。目前,国内省级图书馆大多开通了网上咨询服务,提供实时与延时参考咨询服务,这对残障读者而言无疑是福音。同时,VPN 协议及技术的日益成熟、数字版权问题的解决,也为图书馆面向残障用户推送远程数字资源提供了可能。多家图书馆网站推出的电子图书平台就是例证。

2008 年,在文化部、中国残联的大力支持和共同努力下,国家图书馆与残联信息中心、中国盲文出版社共同建设了中国盲人数字图书馆网站。网站采用了科技部与中国残联共同开展的“中国残疾人信息无障碍关键技术支撑体系及示范应用”项目研发的部分科研成果;网站遵循国际信息无障碍标准进行设计和开发,符合盲人使用习惯,在技术上,采用了语言读屏和蓝牙通讯技术,通过辅助软件和设备,使盲人朋友可以在没有时间障碍、空间障碍的情况下,像健全人一样享受国家图书馆丰富的资源和服务。中国盲人数字图书馆网站的服务对象是广大视力残疾读者,包括盲人、弱视、色弱等群体。服务对象的特殊性要求项目的建设者从特殊视角考虑服务内容和表现形式,如大到项目规划、栏目设置、资源选择,小到字体位置摆放等,都要顾及盲人使用的便利性。只有做到心中有读者,才能把现实中的图书馆服务很好地延伸到数字网络中。中国盲人数字图书馆网站遵循“边建设、边服务”的原则,把网站建设与信息服务有机地结合起来,并在实际的建设过程中不断听取读者的反馈,将其融入到下一阶段的建设思路中。盲人读者只要在电脑上安装读屏软件,登录中国盲人数字图书馆网站(http://www.cdlvi.cn)就可以使用网站上的资源,通过触觉和听觉获取知识。在服务中建设者注重加强版权保护,积极开发网站身份认证平台,切实保护所承载资源的著作权,避免版权纠纷;同时,建设者十分注意弥补程序编写的遗漏,利用多种技术手段完善网站的防下载功能。中国盲人数字图书馆网站除了增加可供盲人读者挑选的数字资源之外,还在栏目设置等无障碍化细节上不断提升,有计划、分步骤地完成网站改版,以进一步完善网站使用的便利程度。

2009 年,“广州市盲人移动数字阅读工程”启动,广州图书馆将包括近 500 册电子图书、约 90 种期刊、145 个讲座、4 种报纸,涵盖历史军事、文化艺术等内容的数字资源整合到 SD 卡中,视障人士只要把 SD 卡放到视障人士专用听读机中,便可以通过简单操作来获取预装在 SD 卡中的数字资源[24]。此外,广州图书馆还开通了“盲人电子阅览室”网站[25],面向局域网用户,提供电子书、有声读物的资源服务。厦门市图书馆在 2005 年底开通了“残疾人短信图书管理服务系统”,残障读者可以在任何地方、时间用手机发短信方式查阅馆藏图书信息,还可以预借、续借[26]。

基于网络的信息无障碍服务突破了残障人士图书馆服务的空间、距离障碍，是图书馆针对残障人士服务方式的必然趋势。

4. 馆藏资源建设状况

提供盲文资料等借阅服务是当前图书馆排在第二位的服务举措。本书从建设内容、方式、经费等方面对之进行分析。

馆藏建设内容方面，主要集中在盲文图书和有声读物方面。还有一些图书馆考虑到上述馆藏利用率低、更新慢、建设流于形式及对视障用户意义不大等原因，转而建设数字资源或者培训残疾用户使用电脑获取网络资源。

馆藏来源方式主要是自行购买（占被调研馆的36%），也有少量捐赠（占9%）。还有一些图书馆自行制作部分盲文视听资料。例如，广州市图书馆拥有盲文图书2000册，有声读物300册，全部为购买；深圳市图书馆有盲文书500册，购买占95%，捐赠占0.5%；西安市图书馆有盲文图书5000册，全部为购买；北京市西城区图书馆视障阅览室有盲文图书122种、162册，有声读物28种、238盒；视频助视器、盲文刻印机、点字显示器2个、数字语音提示设备、来电显示语音电话、录音机2台、磁带复录机等，其中购买占67%，捐赠占10%。上海浦东新区图书馆，有固定购书经费，藏盲文图书、期刊1500册，90%来自购买，10%来自捐赠。还有少部分馆（约占11%）提到，在为视障人群服务上与盲文出版社建立了合作关系，签订协议，定期更换资料。也有部分馆是采取集体外借的形式向盲文图书馆借阅部分图书，流通一段后归还，再借阅新的资料，北京西城区图书馆视障人阅览室即采取这种方式。

对照国际图书馆界为残疾人提供的馆藏资料类型[27]（见下表3－3）可以发现，我国图书馆馆藏资源建设范围狭窄，大字本馆藏、针对精神障碍和智力障碍群体的专门馆藏资料和服务都比较缺乏。由于服务人群中这类人群很少，这点很容易理解。馆藏建设上存在的另外一个问题是，盲文资料和有声资料利用率很低，这在一定程度上打消了图书馆进一步建设的积极性。

表3－3　国际图书馆界为残疾人群提供的各类特殊馆藏资料一览

残疾群体	大字体读物	DAISY CD/DVD	盲文资料	网站	带字幕或手语的录像带	文本电话	易读物
视觉障碍群体	●	●	●	●			
聋哑及听障群体				●	●	●	●
阅读困难群体	●	●		●			●
身体残障群体		●		●			
认知障碍群体		●		●			●

在经费来源方面，大多数是来自于上级部门为图书馆拨付的总馆藏经费，只有极少数图书馆（如广州市番禺区图书馆）提到上级有拨付专项经费。在经费分配方面，很少有图书馆为残疾群体服务建立专门预算，经费投入具有随意性，根据需要不同时期标准不一。在被调研的图书馆中只有广州市图书馆、上海图书馆和辽宁省图书馆提到有专门预算，仅有不到1/3（约26%）的被调研图书馆提到配备专项或固定购书经费。还有图书馆（如苏州图书馆）提到，每年采访计划中会有盲文资料经费，但不确定比例，出版多少购买多少。此外，不少图书馆都是一

次性建设后，没有后续建设。

5. 服务人员状况

在为残疾人服务的人员配备方面，大多数图书馆（近 80%）没有专职人员负责，而是由其他部门人员轮流兼任。对于工作人员素质要求方面也很不乐观，多数图书馆的相关工作人员不具备相关残疾知识背景（仅 16% 的图书馆在调查中选择了具备）。半数以上的图书馆没有或不清楚是否为专职或全体员工提供残疾知识相关培训。

表 3－4　国内公共图书馆残疾人群服务人员状况

	图书馆比例（%）N＝23	
有无专职工作人员	无，由其他部门人员兼任	78.9
	有	15.8
	未作答	5.3
工作人员是否具有残疾知识背景	不具备	26.3
	具备	15.8
	未作答	57.9
是否为工作人员提供相关培训	为专职人员提供	13
	为全体员工提供	21.7
	不提供	17.4
	不清楚	4.3
	未作答	43.4

访谈资料进一步印证了图书馆工作人员在为残疾人群，特别是智障、精神障碍、视障等人群服务上，无论是在服务意识和理念、心理接受度，还是在专业知识、技能和角色定位等方面存在不足和困惑。这种不足已经在困扰着服务的进一步开展。

首先，在服务意识上，对是否应该以及如何接纳这类人群的心理准备不足。典型的表现有：将一些制造麻烦的老年人、智障人群看作是一种负担，或者认为残疾人群首要的是解决生存问题，对图书馆似乎没有需求，或者认为残疾人群是图书馆服务中的极少数群体，现在图书馆面临的更急迫问题是普通市民利用图书馆不足的问题。

其次，专业知识、技能以及相关棘手问题处理方面准备不足，在服务角色定位方面存在困惑。这一问题在国外公共图书馆界同样很明显。英国最近一项对于图书馆员在弱势群体服务和促进社会包容方面移情作用的研究表明，一线员工在面对精神障碍病人时，对自身技能、应承担的专业角色存有困惑。“我们都意识到精神病人而非身体残疾给我们带来问题，因为我们并不是训练来做那些工作的……一些人十分令人害怕，我们必须处理这些事情，不然不能正常提供服务，他们明天还会来……这里存在一个问题即我们的工作范围？我的意思是我们是从事公共服务，但并不是青少年工作者，不是社会工作者，因而该走什么路。”[28]

在工作人员数量或技能欠缺的情况下，不少图书馆开始寻求其他解决办法，例如招聘志愿者开展服务，图书馆员自身则从图书馆工作人员角色转换到组织者角色，甚至社会工作者角色。从所调研的图书馆来看，一些图书馆开始尝试在残疾人服务中使用志愿者，但比例还不多，比较突出的例子是辽宁省图书馆。对该馆相关负责人员的访谈表明，志愿者除了解决了图书馆工作人员人手、时间不足等问题，很多情况下弥补了图书馆工作人员专门技能（如手语知识、电脑技能、心理辅导技能等）欠缺的问题。

国外一些研究表明，招聘来自弱势群体内部的人员或者利用来自这些群体的志愿者可能更容易与这一群体交流、沟通和开展工作[29]，或者使图书馆服务与这类群体的需求更加相关，及时回应他们的需求等[30]。国内这一状况似乎不太明显。本调研也涉及图书馆安排残疾人就业一块，但是残疾人按比例就业基本上属于政府和社会对于残疾人的关怀，并不是考虑到更有利于做残疾人服务工作。也有图书馆（如广州市番禺区图书馆）提到，图书馆内曾安排有残疾员工，作为残联的会员，加强了图书馆与残联的信息交流或沟通。深圳南山图书馆还曾在社区内招聘和培训残疾人群作为图书馆管理员，在解决服务人员不足的同时，也帮助他们更好融入社区和社会。

再次，实地访谈还发现，各个图书馆为残疾群体服务的工作人员（特别是一线工作人员）之间缺乏交流。他们多埋头于各自的工作，对其他图书馆开展了什么服务，怎么开展的，有什么样的经验和教训，缺乏了解、交流和相互支持。这可能是因为这些人员大多并非专职从事这方面工作，或者业界该类活动很少，也较少有机会参与。尽管如此，不少一线员工也表露出了希望能有这样的交流机会。

6. 服务管理等其他情况

服务管理这里主要指管理部门、残疾群体需求调查、服务利用效果评估等方面。由于专门空间多附设于其他空间，大多数图书馆残疾群体服务分散到各个部门管理，如技术（服务）部、借阅部等。

在残疾人群需求调查方面，近半数的图书馆（约41%）从事相关调研，采取的方式主要有：送书上门或其他延伸服务时获得意见反馈（占31%）、对来馆残疾人进行问卷调查（19%），定期、不定期召开残疾人座谈会（19%），以及读者来馆时当面询问（3.8%）。这些调查方式能否或者能在多大程度上应用于服务的改善还不得而知。国外相关研究发现，尽管图书馆提供的资料和服务很少，视障用户对图书馆提供的各种服务满意程度都比较高，这可能是因为这些用户已养成较低的期望值，考虑到这种“满意”情形，馆员们应该认真考虑“用户满意度”是否能准确、恰当地衡量自己服务工作的成败[31]。这一点同样值得国内同行注意。除了满意度与期望值之间的差距外，其次一个局限即调查对象是馆内用户，可能会进一步忽视了那些不来馆的残疾用户，从而对于拓展和吸引更多人群意义较小。关于这点，国外很多学者，如White（1980）[32]、Leigh（2007）[33]，都曾指出过。

在服务评估方面，半数图书馆（约50%）在图书馆总评估中涉及为残疾群体评估，14%的说自身进行单独评估。就进行专门评估的图书馆来看，主要是运用读者满意度和图书流通量统计（占54.5%）。四年一次的外部评估很难说能够保证残疾群体服务持续开展或者保证其服务质量与水平提升。从对部分图书馆的实地考察看，很多为了应付评估或者其他政策要求而设立残疾人阅览室，尤其是盲人阅览室，但在评估之后，由于来馆利用的人很少，设施基本上被闲置，或者挪作他用，即使保留这部分设施或服务，也由于图书馆每年工作侧重点的不同，很难保证每年都能在这一服务领域投入足够资源和人力，并开展相应活动。

7. 服务利用与用户资源

从本研究的访谈调研和其他学者的调研来看，我国目前大多数图书馆残疾人群服务和设施利用率低，盲人或视障群体阅览室大都是最初开放时热闹一段，之后就陷入持续冷寂，这已经成为一个普遍现象。从服务用户看，大多数具有一定教育文化水平和技能背景。

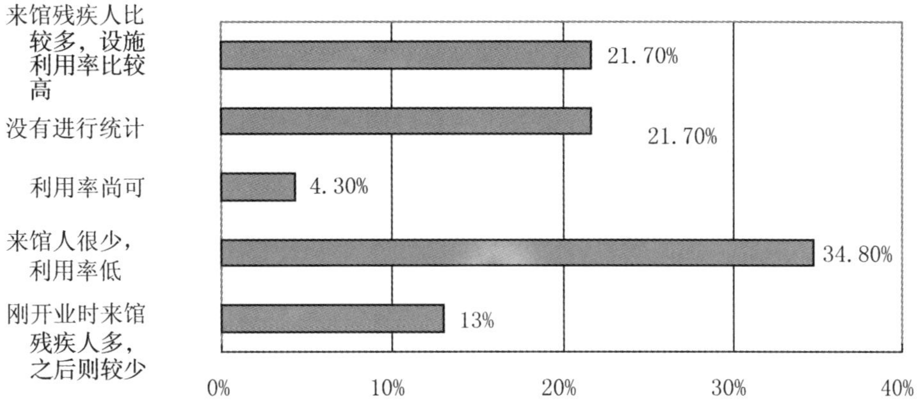

图 3－1 国内残疾人阅览室利用率

三、对策与建议

上述对各方面调研数据的分析，基本可反映我国图书馆残疾人群服务开展状况。图书馆在残疾人群服务方面主要倾向于视障和身体残疾群体，服务开展尽管处于快速发展阶段，但基本处于探索状态，出现了服务提供欠缺（如资源、服务活动、服务人员）与服务利用匮乏双重窘境。这部分将对这些问题给予进一步讨论和总结，并结合国内外好的服务实践或案例，提出改进建议。

1. 加强馆藏特殊载体资料的建设、揭示和共享

馆藏特殊载体资源方面问题主要有：①馆藏单一、陈旧，这一方面是因为由于这类资源本身出版数量有限，另一方面图书馆经费有限，购买不足。②在揭示方面和共享方面，与正常人利用的馆藏资源建设相对比可发现，很少有图书馆对馆藏特殊载体资料进行揭示，共享行为也很少，似乎只有杭州图书馆在将盲文资料纳入其 OPAC 中提供统一检索。中国盲文出版社下设的盲人图书馆每年提供有该馆当年藏书总目录。③残疾用户利用不足，进一步打消了资源建设和揭示的积极性。

2. 服务空间建设的调整

尽管当前公共图书馆在积极建设残疾群体服务专门阅览空间，但当前却存在两大严峻问题：①专门服务空间设置的随意性、非规范化；②服务空间的闲置、利用率低也是更重要的一点。由于服务活动和宣传并没有配套跟进，导致服务空间提供“形式化”，图书馆只是在提供空间、设施，被动等待用户上门，而不是在主动提供服务。尽管不少图书馆也意识到专门空间利用率低而进行了相应变通，如合并空间、服务人员兼管其他业务等，但是很显然，变通的着眼点并非用户，而是图书馆管理的有效性。没有丰富、多样、切合需求的服务活动做支撑，残疾人群和图书馆之间依然缺少内在联系，缺乏归属感。

对于服务空间建设问题，目前中国残疾人联合会正在与文化部等部门协商，制定盲文读物阅览室设置的标准问题[34]。公共图书馆建设标准中也对残疾阅览室、老年阅览室等设立给予

了一定规定。而对于后一个问题，可能需要转变现有的服务意识和被动等待行为，积极了解残疾群体需求，提供高质量和多样化的服务活动。

3.服务的持续性

服务活动的欠缺、非持续性、边缘化是我国当前公共图书馆为残疾群体服务中比较严峻的问题。上文已经提到当前服务局限于传统借阅，缺乏创新；近些年开展比较多的一类服务是电脑和网络服务，如电脑培训等。此外，相关访谈还表明为残疾群体服务活动的偶尔性和边缘化，随图书馆工作重点而消减。

很多国外相关研究反复强调了服务开展的连续性是弱势群体工作中特别应引起注意的问题。“在这些人的生活中，他们很多次经历了希望，结果却很快就消失了，许多人变得更加沮丧和痛苦。当这些项目被停止或者被削减，所导致的结果将会使弱势群体更加失望和不信任，而他们中的许多人才刚刚意识到图书馆对于他们来说具有一定价值。”[35]本项目调查也证明了这一点。例如在访谈中，辽宁省图书馆提到，“在我们工作中所接触的特殊教育学校的孩子中流传着这样的话，即‘5日雷锋来了，6日就走了’。大多数图书馆都是在这些特殊的节日搞一些‘助残’相关的活动……社会上其他单位大多采取了这种近似‘作秀’的行为。这些行为使得他们（残疾孩子）无所适从，在心理上形成了很大阴影，从而更加无法向社会敞开心扉。”

从国内外成功的服务实践来看，服务活动及其创新取决于管理方和服务人员的智慧和责任心。图书馆服务活动的开展最重要的是使盲人真正的参与进来，图书馆需要着眼于做小事，做实事，解决他们的实际问题，走入他们的内心，持续以恒，真正使他们受益。在改善他们学习能力、就业机会、工作能力、生活和精神状态的同时，促进他们更好融入社会。

4.ICT残疾群体服务带来的新的际遇和挑战及图书馆作用的思考

ICT（Information Communication Technology），即信息、通信和技术三个英文单词的词头组合。新技术的发展一直在推动着图书馆为残疾群体服务的开展。盲文的发明、有声图书的出现，各种残疾人用辅助技术和产品研制，特别是数字网络技术出现，大大便利了视障、听障等群体，使他们可以如正常人那样独立、自主、自由地选择资料。利用信息技术，提供数字资源，进行电脑和网络技术辅导和培训已成为当前各国公共图书馆为残疾群体服务的重点内容。许多国家都在进行盲人数字图书馆建设和其他技术服务的提供工作。例如，国际图联和DAISY联合在建的全球虚拟图书馆[36]。我国中国盲人数字图书馆和中国残疾人数字图书馆的开通。

5.服务人员的培训和交流

当前，我国残疾群体服务瓶颈之一还在服务人员，特别是一线员工方面。本研究发现，图书馆员为残疾群体服务的意识、技能和素养欠缺，缺乏培训和交流是其主要问题。这也为其他研究者所证明，如傅新、王波的研究提到图书馆员对于无障碍设计和设施认识缺乏[37]。鉴于当前我国图书馆院系教育中很少有相应的课程设置或内容介绍、行业学会中残疾群体相关的组织建立欠缺、残疾群体图书馆服务政策或标准缺乏，因而可能需要首先加强这些配套措施的建设。

第三节 结论分析

经过调研我们发现，在中国残疾人数字图书馆建设之前，我国残疾人图书馆服务具有如下特点：第一，发展较好、水平较高的图书馆信息无障碍服务大多集中于沿海发达地区和京津冀地区，弥合区域不平衡是今后摆在业界同仁面前的重任。第二，国内图书馆界对视障用户的信息无障碍服务要优于对其他类型残障用户的服务，图书馆服务的渠道和受众范围还有待进一步拓宽。第三，网上咨询、电子图书平台等服务形式仍存在无障碍化程度不高的劣势，今后应强化对读屏软件的支持力度，加快网站等服务终端的无障碍改造。第四，除一些特教高校之外，高校图书馆中鲜有为残障人士提供的无障碍服务[38]。而国外各高校学术报告和演讲录像，一般都会加配手势语翻译，或字幕解说后通过闭路电视为残疾生放映；在教材等方面则有专门为盲人服务的盲文版图书和有声读物。因此，高校图书馆也应成为信息无障碍工作的推进领域。

前文已对服务实践各个方面的改进做了详尽阐述。这里仅从理念、制度方面进行阐述。就理念方面来看，要明确"让所有残疾者获得作为社会成员平等、充分参与社会经济、文化及其他一切领域活动的机会和权利，是现代社会所确立的残疾人保护理念"。残疾人享有图书馆服务是其基本权利。为此残疾人服务必须被纳入基本服务之中，长期固定开展。

在制度建设方面，主要包括两方面，一是组织建设、二是相关政策、标准建设，二者相互联系和影响。发达国家的经验已证明其必要性。就我国来看，可以在国家图书馆下设立残疾群体服务协调和领导机构，或在国家图书馆、省级图书馆成立相应的中心，或者进行相应的图书馆服务联盟或网络建设，开展资料共享、合作等；各级图书馆学（协）会可下设残疾群体、老年群体等兴趣小组，或者借助残疾阅读专业委员会等，促进图书馆相关服务人员的培训、交流，收集好的服务实践案例，共享服务经验，进行相关的调查研究和对国外文献的译介等。

此外，图书馆服务的开展还离不开社会大环境的改善和支持。图书馆行业需要通过积极宣传、互动，促进残疾人的参与，获得残疾人、政府、残联、技术研发企业等利益相关者的支持。

馆藏资源、服务空间、活动、人员、经费、管理等各方面考察表明，我国公共图书馆残疾群体服务还没有进入图书馆主流服务领域，并得到持续、规范化的开展，残疾人群还被隔离于主流服务人群之外。从上述各方面问题分析和国内外的实践看，这需要在理念、服务和制度建设方面的全方面努力。为此本书提出综合建议，如下页图 3 - 2 所示。

近年来，我国在残障人士福利方面的建树是有目共睹的。公共场所设施的人性化无障碍设计、面向特殊群体的无偿教育和培训、更多就业机会的创造，等等。这些无不彰显出整个社会对待特殊群体关注度的提升。这种变化不仅是残障人士社会地位提高的表现，更是社会公共服务意识深化和革新的例证。

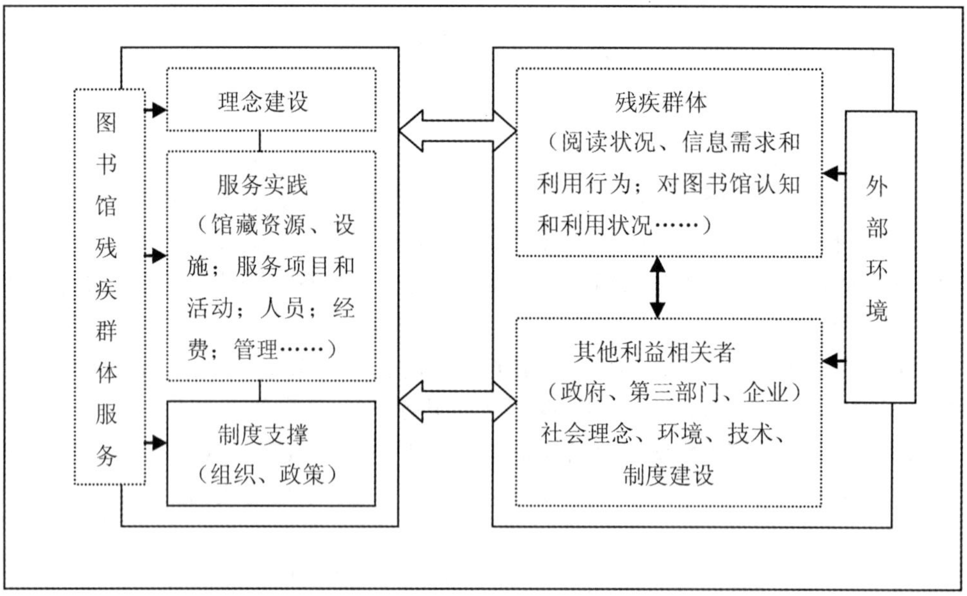

图 3－2　图书馆为残疾群体服务综合改进建议

参考文献

[1][4][24]刘英华,李福坤.盲人数字图书馆功能需求与技术架构的分析[J].图书馆学研究,2010(3).

[2][25]齐向华,付宁.试论公共图书馆的信息无障碍服务[J].情报科学,2009(3).

[3]唐晓娟,孙祯祥.盲人数字图书馆设计策略的研究[J].电脑知识与技术,2009(11).

[5][26]王子舟,夏凡.图书馆如何对残疾人实施知识援助[J].图书情报知识,2007(2).

[6]袁玉英.InfoEyes——为视觉障碍用户提供的虚拟参考咨询服务[J].图书馆杂志,2006(1).

[7]江淑洁.我国盲人数字图书馆建设概况[J].图书情报工作,2009(9).

[8][22]邱奉捷,王子舟.北京市残疾人阅读及公共图书馆利用情况的调查报告[J].图书馆,2009(3).

[9]张赟玥,赵英,徐恩元等.面向视障用户信息需求的国际研究案例探析[J].图书馆建设,2009(6).

[10]陈子健,孙祯祥.信息无障碍视角下网站的导航设计[J].图书情报工作,2008(9).

[11]贺桂和,邓小昭.多通道界面对残障网络用户的人文关怀[J].图书情报工作,2006(11).

[12][16]吴冰芝,林锦芬,杨凌云.图书馆服务视障读者研究[J].新世纪图书馆,2008(4).

[13]描述来源于中国知网国家科技成果数据库。

[14]吴惠茹.广州市公共图书馆视障群体服务现状研究[J].图书馆论坛,2009(4).

[15]赵继红,王和平.关于我国公共图书馆盲人服务的现状问题及思考[J].农业图书馆情报学刊,2007(10).

[17]金怡.盲人图书馆引入志愿者服务的探析:以无锡市图书馆盲人馆为例[J].图书馆研究与工作,2010(3).

[18]国家统计局社会和科技统计司.中国社会统计年鉴2009[M].北京:中国统计出版社,2009.

[19]图书馆将设盲人“听书”室[EB/OL].[2009－02－08].http://liaoning.nen.com.cn/liaoning/dbxs/469/3223469.shtml.

[20]建立盲文及盲人有声读物阅览室[EB/OL].[2009－02－08].http://www.whlib.gov.cn/hptsg/ReadNews2.asp?NewsID＝869.

[21]中国图书馆学会.中国图书馆年鉴2003[M].北京:科学技术文献出版社,2004.

[23]网上联合知识导航站[EB/OL].[2012 -02 -08]. http://zsdh. library. sh. cn:8080/userIndex. jsp.
[27]International Federation of Library Associations and Institutions IFLA Professional Reports, No. 89[R/OL]. [2012 -10 -08]. http://www. ifla. org/files/assets/hq/publications/professional - report/89. pdf.
[28]Kerry Wilson, Briony Birdi. The Right 'Man' for the Job? The Role of Empathy in Community Librarianship [R/OL]. [2009 - 03 - 08]. http://pds14. egloos. com/pds/200901/24/71/AHRC202006 - 820final20report 2004. 08. pdf.
[29]Brown E. F. Library Service to the Disadvantaged [M]. The Scarecrow Press,Inc. Metuchen,N. J,1971.
[30]Kerry Wilson,Briony Birdi. The Right 'Man' for the Job? The Role of Empathy in Community Librarianship[R/OL]. [2009 -03 -08]. http://pds14. egloos. com/pds/200901/24/71/AHRC202006 -820final20report2004. 08. pdf.
[31]Creaser C,Davis J. E, Wilson. Accessible, Open and Inclusive? How Visually Impaired People View Library and Information Services and Agencies[J]. Journal of Librarianship and Information Science,2002,34(4).
[32]Lawrence J. White. The Public Library in the 1980s: the Problems of Choice[M]. Lexington, Mass.:Lexington Books,1983.
[33]Leigh E. Lee R. User Satisfaction with Access to Government Information and Services at Public Libraries and Public Access Computing Centers [R/OL]. [2011 -04 -08]. http://cirss. lis. uiuc. edu/Surveys/imls. html.
[34]关于盲文及盲人有声读物图书室[EB/OL]. [2009 -01 -08]. http://www. npc. gov. cn/npc/zt/2008 -02/27/content_1400285. htm.
[35] Carla Mcloughlin, Anne Morris. UK Public Libraries: Roles in Adult Literacy Provision [J]. Journal of Librarianship and information science, 2004,36(1).
[36]Julie Rae. Breaking New Ground: A Virtual Global Library Service to Widen Access for People with Print Disabilities[EB/OL]. [2010 -08 -08]. http://www. ifla. org/annual - conference/ifla75/index. htm.
[37]傅新,艾书. 论图书馆无障碍设计(续)[J]. 大学图书馆学报,2001(5).
[38]丛淑丽,周莉莉. 高校图书馆为残疾读者服务研究[J]. 长春大学学报,2009(6).

第四章　面向盲人的数字图书馆建设与服务

第一节　建设形式

中国盲人数字图书馆由国家图书馆、中国残联信息中心和中国盲文出版社共同建设，以网站形式呈现，旨在为视障群体提供普遍均等的公共文化服务，让他们平等的享受到国家数字图书馆的建设成果。网站于2008年国际盲人节前夕正式开通，在开通仪式上，时任文化部副部长的周和平同志对中国盲人数字图书馆给予高度评价："中国盲人数字图书馆的开通，是关注盲人朋友文化诉求、促进盲人朋友共享公共文化服务成果的一项重要举措。此举不仅是对残疾人文化权利的尊重，也是图书馆自由平等原则的体现，具有重要的意义。"中国残疾人联合会副理事长申知非也在现场讲话中说："在文化部的直接领导下，国家图书馆秉承以人为本、人文关怀的服务理念，不断创新服务，与中国残联信息中心、中国盲文出版社共同推出了中国盲人数字图书馆，这是一件非常有意义的事情。"

信息无障碍的建设是无障碍数字图书馆建设的根本要求。中国盲人数字图书馆网站是专门针对视觉障碍群体打造的一个开放、平等的信息知识交流平台，它与一般数字图书馆最大的区别就是多媒体视觉信息可以转换为视觉障碍用户使用的触觉或听觉信息。由于这一特殊性，在建设过程中采用了多种先进的信息无障碍的技术手段，遵循信息读取无障碍原则，确保用户在使用时能够真正顺畅精准地获取所需，享受到国家图书馆优质高效的服务。

坚持资源建设特色化，资源建设面向残障人士的需求，注重对与残障人士相关的资源进行数字化、集成和导航。在内容选择方面，中国盲人数字图书馆网站既有符合研究型用户的专业资源，又有满足一般盲人读者审美和习惯的大众读物，并尽最大可能地兼顾大多数人的欣赏水平，使每一位读者都能在这里找到自己感兴趣的内容。本着雅俗共赏、兼容并包的建站原则，截至2012年9月，网站发布中文电子图书3550册，其中中国古典名著209部，涵盖文学、历史、医学、军事等各个学科的现代畅销书3341册；每月推出20本中英文新书；发布MP3音乐4900首，在线讲座视频750场。

坚持共建共享、共谋发展、优势互补。中国盲人数字图书馆网站是由国家图书馆与中国残疾人联合会、中国盲文出版社共同建设，各方共建平台、共同管理、共享资源、共谋发展、优势互补。

坚持公益性服务原则。无障碍数字图书馆是一项公益性服务事业，对于残障人士的服务采取免费的方式。

第二节　建设特点

一、创新性

颠覆传统服务方式，实现网络平台与到馆服务平台的无缝对接，把无障碍网站服务和国家图书馆特色资源推介到盲人身边。

二、有效性

中国盲人数字图书馆网站从盲人的需求和实际情况出发，使他们享受到与健康人等同的文化服务机会，得到业界和盲人朋友的好评。

三、科学性

网站严格按照 WCAG2.0 国际标准建设，从内容、网页结构和表现等多方面保障了网站无障碍化建设。

四、实践性

中国盲人数字图书馆网站践行了和谐社会公共文化服务均等化理念，标志着视力残疾人真正意义上被纳入公共文化服务体系之中。

五、示范性

中国盲人数字图书馆网站是国内首个国家级专为视障群体服务的网络图书馆。其摸索出的共建机制为今后的发展提供了良好范式。

第三节　无障碍技术应用

以到馆服务为核心的传统图书馆服务平台，已经越来越无法适应新的信息接收方式的变革。未来图书馆发展的趋势是数字化服务，以网络为媒介的服务平台的建立，将极大地解决残障人士这一特殊群体行动不便的窘境，惠及更大范围的读者，变有限的人—人对话为人—机对话，把储存在网络平台上的数字资源最大化地传输给坐在电脑旁的包括残障读者在内的最广大受众。

我们当前所身处的，是一个新技术蓬勃发展、新应用层出不穷的数字化信息时代。当传统图书馆逐渐被数字图书馆所替代，当越来越多的技术手段被纳入到图书馆的资源建设与服务体系中，如何利用新技术和新应用来加强资源建设，创新服务手段，成为我们进行信息服务无障碍建设工作的一大重点。

一、网页无障碍技术

中国盲人数字图书馆网站的建设严格遵照工业和信息化部发布的《信息无障碍身体机能

差异人群网站设计无障碍技术要求》，遵循国际上通用的由W3C（World Wide Web Consortium，万维网联盟）组织出台的WCAG2.0标准（即Web内容可访问性指南）进行无障碍网页设计。建设分别从多媒体相关资讯的可及性、网页结构和表现的可及性、网页开发和输入输出装置相关技术处理的技术可及性、网站浏览机制的可及性等方面入手，网站符合XHTML1.0技术规则并适用于读屏软件。所有发布到网站上的多媒体信息（包括图像、音乐、视频等）均加入文字，图片均标示文字说明，链接均添加提示文字，光标所到之处均播放解释文字。网站考虑到弱视人士，尽量避免使用眩光、快速动态影像等效果，以免造成其在使用网页时的不适。并针对残疾人使用习惯，进一步完善个性化定制服务、升级无障碍支持软件，从技术手段层面保障并加强信息读取无障碍。

同时，革除不支持无障碍访问的资源组织形式和后台管理模式，加快辅助技术产品的研究与应用；注重跟踪国际最新的信息无障碍理念和技术发展的趋势，就无障碍服务关键技术展开研究。

1. 内容的可感知性

为所有非文本内容提供替代文本，目的是确保所有非文本内容可用文本形式展现。在这里，“文本形式”指的是电子文本，而不是文本的图像。电子文本有一个独特的优势，那就是它可以从视觉、听觉、触觉上或者它们中的任何组合方式上被感知。从而，以电子文本表示的信息能以用户最容易接受的方式传达给用户。此外，它还可以很方便地被放大和朗读，或者以任何触觉方式呈现，从而使YD/T 1761—2008的内容可以更容易地被理解和传播。

2. 为多媒体信息提供同步替代文本

目的是帮助获取信息有障碍的人了解多媒体的信息内容。在很多对话中，音频描述不能恰当地插入到对话中存在的停顿当中。为多媒体内容提供同步替代内容的第1级合格标准中规定的方法允许用户访问多媒体中全部的信息。这种方法还允许用户在音频描述由于某些原因不可用的条件下以非可视化方式访问可视化信息。对于包含交互功能的多媒体信息，交互元素（比如连接）应该可以被嵌入到全部多媒体信息的文本替代内容中。

3. 保证信息和结构可以与表现相分离

确保全部信息能以一种所有用户都能感知的方式来传递。如果所有的信息能够以一种可由软件决定的格式来传递，那么它就能以不同的方式（可视的、可听的、可接触的）呈现给用户。如果信息被内嵌到一种特定的方式而使得信息不能和显示分离，那么信息就不能按照用户的需要改变成其他格式。

4. 前景文字和背景要容易区分

使缺省的显示方式能够最大限度地用于残障群体。本规定主要的着眼点在于使得用户能够更加容易地区分前景信息和背景信息。对于可视化显示而言，这需要保证前景信息与背景信息之间有足够的对比度；对于音频内容而言，这需要前景声音的音量要比背景声音的音量足够大。通常，具有视觉和听觉障碍的用户会在区分前景和背景信息方面有比较大的困难。

5. 内容与控制的可理解性

内容的布置和功能性是可预测的。

6. 兼容目前及未来的用户代理（包括辅助技术）

支持目前及未来的用户代理，特别是辅助技术之间的兼容性。

二、资源加工的无障碍处理

关于资源加工的无障碍处理，本书特指自建资源的无障碍处理技术。

为了使文本内容能够被残疾用户特别是盲人阅读或者借助辅助技术阅读，需要对数字化对象采取特殊的加工手段和措施。主要是要保证残疾人能够正确理解文本内容所要表达的信息，以保证资源的可用性。对于正常用户来说，通常会通过很多不同的方式来理解文本的含义，例如视觉方式、听觉方式、触觉方式等，而残疾人用户在理解书写的文字内容时非常困难，但当文本内容被大声朗读出来，或者当内容的关键部分被用视觉方式展现出来，或者被翻译成手语后，他们就可以方便地理解其中很复杂的含义。由于中文文字的含义多种多样，这就使残疾人用户更难仅从上下文中推断出一个单词或者短语的意思，特别是当这个单词或短语以不常用的方式被使用，或者是具有特殊含义的时候。对于这些用户，能不能阅读和理解文本，取决于文本中是否提供了特殊定义或者缩写词的扩展形式。如果语种和文本的书写方向不能被识别，一些支持语音功能或者图形功能的软件或插件可能就无法正确地表达文本的含义。虽然对于大多数用户来说这可能是个小问题，但对于某些用户(例如视障者)而言，这会是个重大障碍。在某些情况下，如果不带发音就无法确定文本的含义，则发音信息也必须提供。因此在中国残疾人数字图书馆的建设中，采取了严格的自建资源无障碍加工标准来支持全文识别。

针对图像数据要逐页检查图像品质。图像文本转换过程中对图像数据逐页进行版式分析，并对版式分析结果进行质检；对图像数据逐页进行文本转换，生成单版 TXT 文件；对单版 TXT 文件进行校对；经验收合格的单版 TXT 文件需合并生成合并版 TXT 文件，按照命名规则进行命名；经验收合格的合并版 TXT 文件需拆分生成拆分版 TXT 文件，按照命名规则进行命名；图像中的注释、下划线等特殊情况需进行专门处理，表格、插图、空白页等需进行描述，描述内容用“[=”“ =]”进行标识(“[=”“ =]”均用半角标识)，并保存未转换文件对应的图像文件，详见特殊情况处理办法；文本文件检查要涵盖逐页逐字检查文本文件内容是否与原书一致、文本文件段落结构是否与原书一致、文本文件插图与表格位置标注是否正确等。文本转换数据的文字、符号、版式、段落顺序、图表位置，各种说明文件的内容准确，其字符综合错误率不超过0.1‰。文本转换数据页面内容与对应 TIF 图像一致，页码连续，不得有跳号情况，不需转换的页面按照特殊情况处理办法正确描述，页面错误率为0。成品数据文件名、保存介质命名、数据存放方式、备份数量符合要求，且各类型保存介质内无坏死文件、不准携带病毒，错误率为0。

针对特殊情况的处理，包括：

1. 注释

注释分注释类和解说类，仅对有意义注释进行转换，无意义注释不做转换。

(1)注释出现在当页，且明确标出与正文对应位置的，将注释内容填入括号“( )”内，插回到原文注释所对应的位置。

(2)注释在一篇文章或章节结尾，以参考或引用等专项标题单独列出的按原文版式转换，不插回原文。

(3)解说类注释出现在正文文字段落中间或左右两侧，在正文中无对应位置的，将注释内容放在其出现的那段文字后，另起一段，段首标注“注释：”。

(4)解说类注释出现在黑框或深色底框内，且在正文文字段落中间的，将注释内容放在

“【】”内，原位置转换。

2. 空白页

为保持内容完整性和页面连贯性，正文中空白页需保留，并按照命名规则正确命名，内容标注为“[=此页为空白页=]”。

3. 插图与插图页

(1)插图

仅对有意义插图进行转换和标注。在插图出现的段落后另起一段，标注为“[=此处为插图(图注)=]”。

(2)插图页

都需保留，并按照命名规则正确命名，内容标注为：“[=此页为插图页(图注)=]”；对于包含多个插图的插图页，内容标注为：“[=此页为插图页：图一(图注)，图二(图注)… =]”。

4. 表格与表格页

表格只转换表格内文字及表注，任何形式表格边框不予转换。

(1)表格

简单的单列或横向排版表格应予转换；多列复杂表格，内容为分类列举的文字按列予以转换；其他表格不予转换，在表格出现的位置，标注为“[=此处为表格(表格说明)=]”。

(2)表格页

都需保留，并按照命名规则正确命名，内容标注为“[=此页为表格页(表格说明)=]”。

对未进行转换的图像和表格，需在其所属单板 TXT 文件目录内建立“未转换文件对应图像”子目录，将此插图/表格所在的图像文件保存在该子目录内；多个插图/表格对应同一个图像时，仅保存一个图像文件。同时对未进行转换的插图/表格在《中文图书全文转换未转换文件记录表》中进行记录。

5. 拼音文字混编

拼音文字混编分为对全文均做拼音标注和仅对个别文字做拼音标注两种情况。

(1)全文均做拼音标注的(拼音一般标注在文字上方)，只转换文字，不转换拼音。

(2)个别文字做拼音标注的(拼音一般标注在文字后面)，需按照原文版式，同时转换文字和拼音。

6. 下划线

(1)下划线标记的为单个字符或字母的，将标注内容填入【】，放在有下划线的字符或字母后。

(2)下划线标注的为一句话或一段字符或字母的，将有下划线的内容放在( )内，标注内容填入【】，放在有下划线的内容后。

例如：

单个字符或字母：

There is a tree 转换后 There is【A】a tree

A

一句话或一段字符或字母：

There is a tree 转换后 (There is a tree)【B】

B

第四节　使用方式

中国盲人数字图书馆网站的服务对象是视力残疾读者，包括盲人、弱视、色弱等人群。大到项目规划、栏目设置、资源选择，小到字体位置摆放等，都要顾及盲人使用的便利性。

根据视障群体的实际需要，目前规划了以下专栏：

新闻动态：及时更新关于残疾人或图书馆的各种新闻。

电子图书：精选国家图书馆的馆藏中文图书，进行无障碍处理后盲人朋友可通过读屏软件免费收听；包括每周热门书籍推荐和每月热门书籍推荐。

新书速递：每月 20 本最新上架图书，提供各学科的新书早读。

音乐欣赏：主要为馆藏 MP3 资源，并选取经典曲目供盲人免费收听。

最新公告：介绍与残疾人相关的各种活动和最新信息，介绍网站栏目内容更新情况。

读者指南：提供国家图书馆开馆和闭馆时间、具体位置、乘车路线及残疾人阅览室信息等内容，满足盲人到馆信息查询。

在线讲座：提供了国家图书馆面向公众推出的学术文化系列讲座。主讲人或为德高望重、岳峙渊清的学界前辈，或为风化正茂、学术精到的学术中坚，深入浅出地讲授他们毕生研究的菁华。

机构介绍：介绍全国各级残联的机构设置情况、职能和联系方式。

友情链接：链接国内外相关残疾人网站，实现信息导航。

网站导航：提供网站整体布局和位置说明，方便盲人利用网站资源。

中国盲人数字图书馆网站按照 WCAG2.0 原则全站进行无障碍网页设计，适用于多种盲用读屏软件及 IBM 浏览辅助工具。全部页面可用键盘操作（使用 Tab 键在链接之间进行切换，回车键确认进入链接所指页面），不限于鼠标。所有链接、图片均有文字提示，用户可以根据语音提示配合键盘浏览收听全部内容。为保护著作者版权，本站对于版权保护期内的资源内容，需要用户使用二代残疾证号注册登录之后方可使用；超过版权保护期的资源可直接使用。

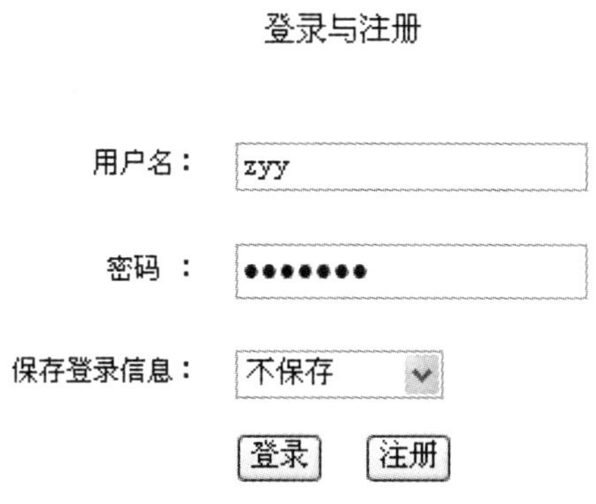

图 4－1　中国盲人数字图书馆登录页面

1. 网站首页

图 4－2　中国盲人数字图书馆首页

首页分为三个主要区域：顶部区域、左侧区域和中部区域。可以使用三组导盲砖快捷键分别到达对应区域（图 4－2 中 3 个粗线黑框即为导盲砖∷∷所在位置）：

Alt + K：顶部区域，这部分是网站导航区。

Alt + C：左侧区域，这部分是用户信息和网站扩展功能区域，包括登录注册、检索、读者指南、浏览辅助工具、流量统计分析工具等。

Alt + B：中部区域，这部分是网站主要内容区，包括新闻动态、热门书籍排行、音乐欣赏、在线讲座。

2. 电子图书

精选国家图书馆的馆藏中文图书，进行无障碍处理后盲人朋友可通过读屏软件免费收听；还包括每周热门书籍推荐和每月热门书籍推荐。

电子图书栏目的图书都经过无障碍处理，通过读屏软件可以阅读全文下设 23 个图书分类，其中经、史、子、集四类书籍可以直接阅读，19 类现代图书需要使用二代残疾证号注册登录之后方可阅读正文。

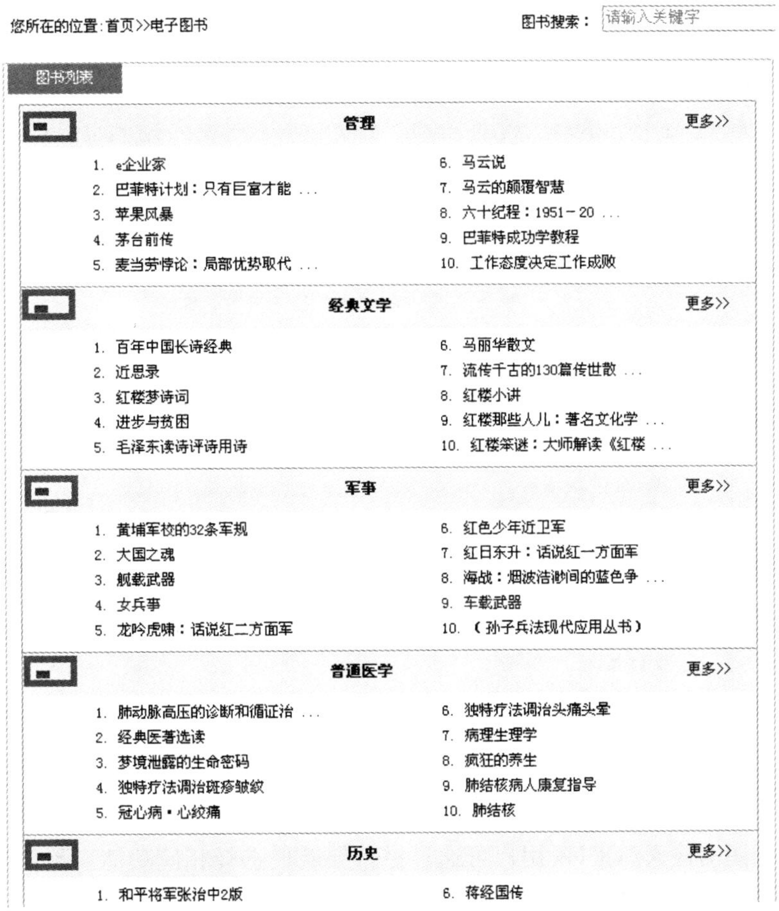

图 4－3　中国盲人数字图书馆电子图书页面

为方便盲人用户，本栏目对常用的操作设置了快捷键，默认设置如下：

Alt + O:适用于电子图书栏目首页,实现各图书分类之间切换跳转(图 4 - 3 粗框标注位置即为图书分类导盲砖)。

Alt + N:适用于读书页面,跳至“下一页”链接的快捷键。

Alt + M:适用于读书页面,跳至新建书签文本框的快捷键。

Alt + J:访问网站时跳至操作指南链接的快捷键。

本栏目支持定制功能,用户可根据自身需要在“个人设置”页面改变默认快捷键设置方式、调整书籍类别排列顺序、调整字体大小、更改页面配色方案、删减功能模块(包括最新书推荐、本月热门图书推荐、本周热门图书推荐、类别热度推荐、系统个性化推荐、历史阅读记录)。

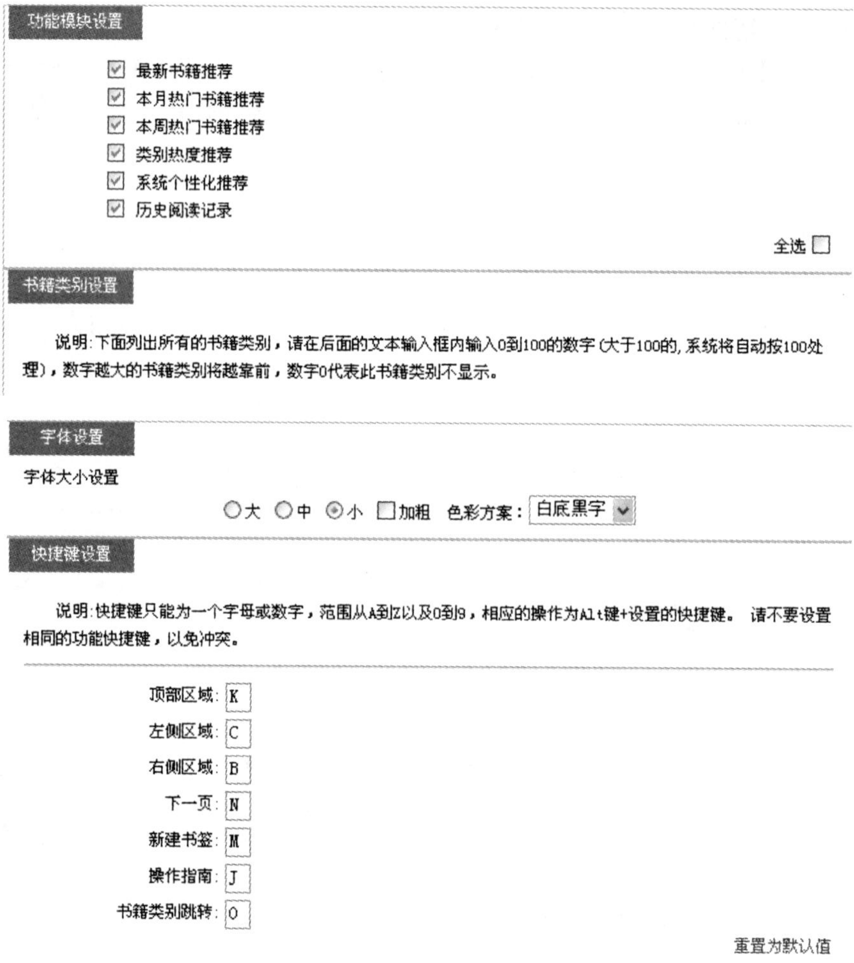

图 4 - 4 中国盲人数字图书馆电子图书栏目的定制功能

本栏目支持图书检索和预订,用户可通过栏目导航栏选择相应功能。预订信息提交成功后,网站下一阶段建设中会优先选择上传用户所预订的图书。

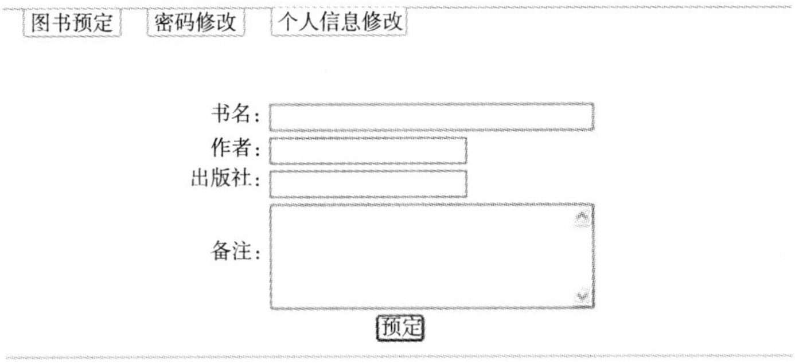

图 4－5　中国盲人数字图书馆电子图书栏目的预定功能

3. 有声读物

有声读物栏目下设 6 个分类，用户注册登录后方可使用资源。与电子图书栏目类似，用户可使用 Alt + O 实现类别之间的切换跳转。

图 4－6　中国盲人数字图书馆有声读物栏目

本栏目资源需要下载到本地使用。用户首先在类别列表页下载有声读物播放器，再将需要的图书下载到本地，通过播放器收听。

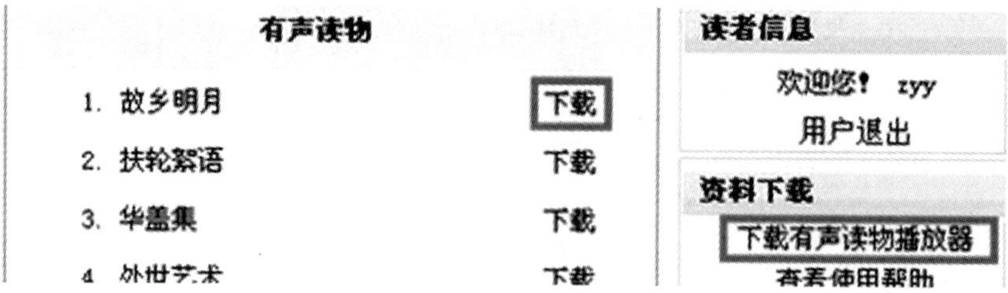

图 4－7　中国盲人数字图书馆有声读物资料下载界面

4. 新闻动态、最新公告、读者指南、机构介绍

通过首页或各页面导航栏进入列表页，通过 Tab 键选择切换。

5. 在线讲座

国家图书馆举办的经典讲座在线收听（目前包含 701 场讲座），所有讲座视频均配备字幕，方便聋人读者使用。可通过首页中部区域或各页面导航栏进入列表页，通过 Tab 键选择切换。

6. 音乐欣赏

国家图书馆馆藏西方古典音乐资源，目前共上传 4899 首。通过首页中部区域或各页面导航栏进入列表页，通过 Tab 键选择切换。

7. 新书速递

最新书籍的内容介绍，可通过首页左侧区域或各页面导航栏进入。通过 Tab 键切换，选择书籍封面图片或书名可跳转到该书阅读页面。

8. 网站导航

全站内容结构列表，选择栏目名称可进入对面栏目页。

第五节　利用情况

以下统计数据时间跨度为 2009 年 5 月至 2012 年 10 月 14 日。

图 4－8　中国盲人数字图书馆年度点击数

由图 4 - 8 可以看出，自 2009 年以来，中国盲人数字图书馆网站点击数稳步上升，2011 年度点击数突破 2200 万次，2012 年前 10 个月的点击数已经超过 2100 万次。

图 4 - 9　中国盲人数字图书馆年度浏览量

自 2009 年 5 月以来，盲人数字图书馆网站总浏览量接近 5000 万。图 4 - 9 显示，各年度浏览量呈现递增趋势，尤其是 2011 年以来出现大幅增长。

图 4 - 10　中国盲人数字图书馆年度访问次数

图 4 - 10 显示，2009 年 5 月至 2012 年 10 月，盲人数字图书馆总访问次数超过 277 万次，其中 2010 年度达到 84 万次。2012 年前十个月访问次数表现良好，已达到 76.5 万次。

自 2009 年以来，共有来自世界 116 个国家的 196 万用户访问过盲人数字图书馆网站。从下页图 4 - 11 来看，各年度访问人数基本持平，可推断盲人数字图书馆已初步建立起相对稳定的用户群体。

作为中国履行联合国《残疾人权利公约》的具体体现，已经得到国际残疾人权利委员会的认可。国际残疾人权利委员会副主席杨佳对中国盲人数字图书馆的示范效应给予了充分肯定，她说："盲人只能失明一次，在网络时代不能再度失明。中国盲人数字图书馆的标准化、无

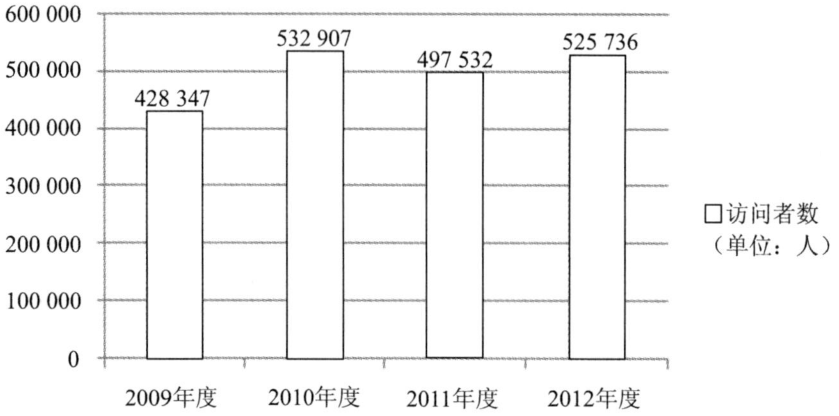

图 4－11　中国盲人数字图书馆年度访问者数

障碍化设计使其具有国际前瞻性，是我们国家履行《联合国残疾人权利公约》的切实体现，让盲人朋友赶上了好时代。”

第六节　用户活动

一、进行中国盲人数字图书馆使用调研和培训

网站建设之初，我们多方面听取盲人朋友的需求与意见，测试期间专程到北京市盲校进行了测试，听取使用者的呼声和建议，确保中国盲人数字图书馆网站设计的合理性、可使用性。

为了满足残疾人对文献不断增长的需求，2009 年对盲人数字图书馆首页做了调整，增加了新书速递、本周热门图书排行、本月图书排行等栏目，同时为了更全面地为盲人提供资源，也为了保护版权，对网站内容的浏览作了限制，增加了登录系统。只有在中国残疾人人口库中注册的用户，才可以凭借残疾证中的号码登录阅读电子图书的全文。今后将有更多的资源只提供给残疾人使用。为了验证新增功能在无障碍方面的使用情况、了解对新增栏目的反馈，2009 年 7 月，特意与残联信息中心一起，在西城区图书馆进行了用户培训和需求调查。

二、线下专题活动的开展

中国盲人数字图书馆网站将不仅仅是为盲人服务，也应该成为聋人和更多参加人学习知识、了解社会的平台。为此，2009 年 5 月 8 日，我们与残联信息中心、聋协一起策划了以“阅读与人生”为主题的聋人专场讲座，这是首场专为聋人加配现场文字录入的公益性讲座，残联理事申知非、国家图书馆副馆长陈力、盲协主席杨佳等领导都亲临会场，来“聆听”讲座的观众众多，座无虚席。中国残疾人艺术团团长邰丽华也率领残疾人艺术团的团员们来“聆听讲座”，她称赞道：“残疾人不是不幸，而是不便。尽量给他们提供很好的无障碍平台和环境，他们可以更好地参与和融入这个大家生活的社会中。国家图书馆提供字幕信息的这种无障碍平台，方便了残疾人朋友的参与。在未来的日子里，相信盲人朋友可以真正看得到，聋人朋友可以真正听

得到，肢残朋友可以走得到。”

中国图书馆学会《图书馆服务宣言（2008）》[1]指出：图书馆是一个开放知识与信息中心，各级各类图书馆共同构成的图书馆体系，保障全体社会成员普遍均等地享有图书馆服务，并在服务中体现人文关怀，特别应致力于消除弱势群体利用图书馆的困难，为全体读书者提供人性化、便利化的服务。图书馆作为社会知识网中的一个组织，应该承担起对残障人士知识援助的责任与义务，通过有效的知识服务，让残障人士实现平等获取知识信息的权利。数字图书馆的建设和相关问题的研究已成为当今图书馆的发展趋势。破除各种信息障碍，打通信息通道，使全社会信息障碍人群实现畅通交流、共享信息化成果，这是我国社会各界的共同责任和目标，更是图书馆体现社会公平所在的义不容辞的责任。

普遍均等服务是世界各国公共图书馆事业的共同原则和目标，简言之，就是让“每位读者有其书”。中国盲人数字图书馆网站秉承这一原则，立足为盲人提供信息服务，同时积极开展对聋人的服务，使盲人数字图书馆成为整个残疾人群体的知识获取窗口。

第七节　盲用读屏软件的使用

盲人数字图书馆网站的有效利用，离不开软件辅助工具的开发，下面对国内常用的读屏和网页辅助浏览工具的使用进行介绍。

一、IBM 网站浏览辅助工具——IBM Easy Web Browsing 的使用

为方便盲人读者使用，中国盲人数字图书馆及中国残疾人数字图书馆网站均内嵌 IBM Easy Web Browsing 工具（以下简称 EWB），下载安装后即可帮助用户无障碍浏览网站，实现字体放大、语音朗读、语速调整、页面配色方案更改等功能。EWB 必须在联网状态下使用，支持鼠标、键盘双操作模式。

图 4－12　网站浏览辅助工具标识

1. 使用 EWB 的系统需求

（1）操作系统（OS）：

a. Microsoft（R）Windows（R）2000 Professional （SP4）；

b. Windows XP Home Edition （SP1/SP2）；

c. Windows XP Professional （SP1/SP2）；

d. Windows Vista Home Basic；

e. Windows Vista（TM）Home Premium；

f. Windows Vista Ultimate；

g. Windows Vista Business。

其中，b－g 仅支持 32 位版本。

(2)网络浏览器:

a. Microsoft Windows 2000 Professional:Microsoft Internet Explorer 5.5(SP2)和 6.0;

b. Microsoft Windows XP (SP1):Microsoft Internet Explorer 6.0;

c. Microsoft Windows XP (SP2):Microsoft Internet Explorer 6.0 和 7.0;

d. Microsoft Windows Vista:Microsoft Internet Explorer 7.0。

2. 功能及用法简介

下图 4-13 为中国盲人数字图书馆网站 EWB 使用界面,上方框起部分为 EWB 工具条,下方框起部分为文本放大显示区域。

图 4-13　EWB 字体放大实例

(1)放大及朗读文本

EWB 可实现放大及朗读文本功能。低视力、弱视人群,可通过字体放大浏览网页,较之单纯语音朗读更为方便。

把鼠标指针移动到您想要放大的文字上,文字从段首开始依次放大并开始朗读。放大窗口显示网页上鼠标指针所指向的位置,该部分将被朗读出来。文本将被连续朗读至篇章末尾才停止。若在朗读中移动鼠标,当前朗读将停止,转而朗读鼠标所指向的段落。EWB 不能只朗读段落中的某一句话,也不能从段落中间开始朗读,每段都是从段首开始朗读至段尾。

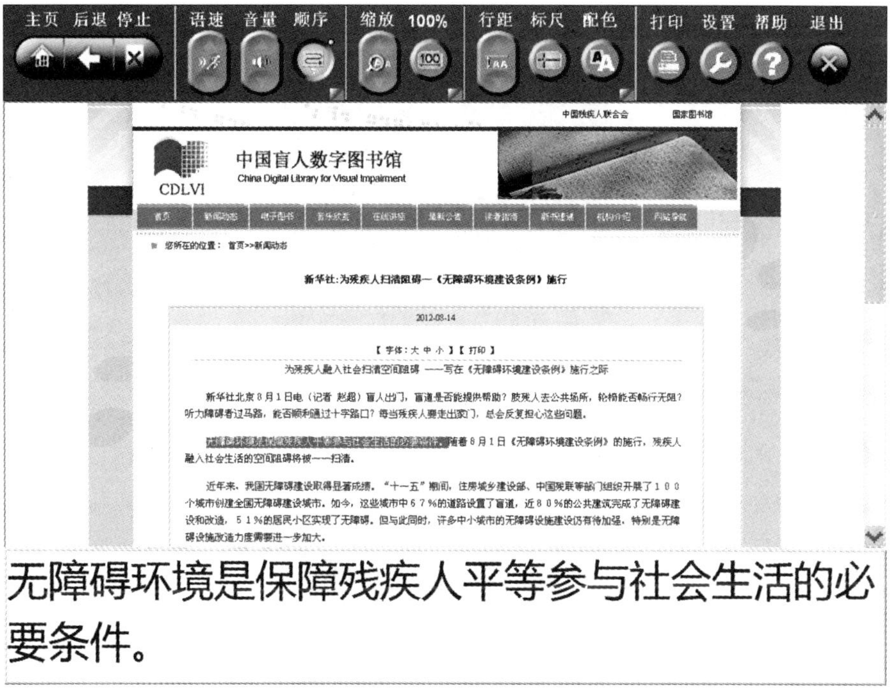

图 4－14 EWB 字体放大实例

(2)改变页面配色

配色样式确定前景颜色和背景颜色。点击“配色”按键,就可以在以下选项中进行选择。

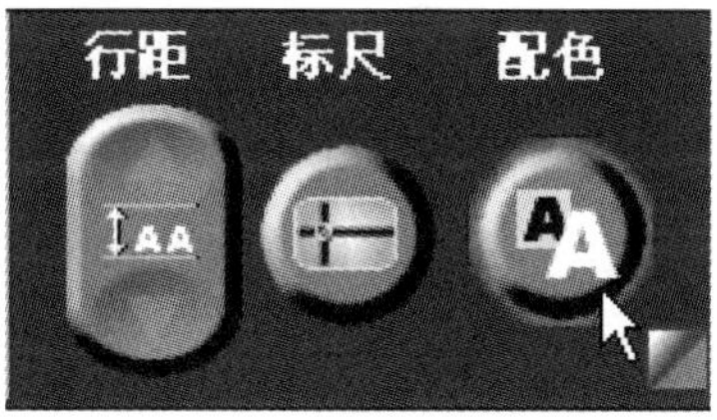

图 4－15 EWB 配色按钮

EWB 提供四种配色样式,每点击一次配色按键,屏幕配色样式就会按照以下顺序进行改变。

a. 黑色字体、白色背景、蓝色链接(标准显示模式);

b. 黑色字体、黄色背景、蓝色链接;

c. 黄色字体、蓝色背景、白色链接;

d. 黄色字体、黑色背景、白色链接。

(3)其他基础操作

返回起始页:点击“主页”按键,显示启动后的起始页,见图 4 – 16。

图 4 – 16　EWB 其他基础键操作

返回上一页:点击 “后退”按键,返回上一页,见图 4 – 17。

图 4 – 17　EWB 其他基础键操作

停止朗读:点击 “停止”按键,见图 4 – 18。

图 4 – 18　EWB 其他基础键操作

停止 Easy Web Browsing:点击“退出”按键,Easy Web Browsing 将停止朗读和放大文本,见图 4 – 19。

图 4 – 19　EWB 其他基础键操作

改变朗读速度:点击“语速”按键可以调节 5 个级别的语速,见图 4 – 20。

- “↑”,每按下一次,语速就会变快 1 个级别。
- “↓”,每按下一次,语速就会变慢 1 个级别。点击“音量”按键可以调节 5 个级别的音量。

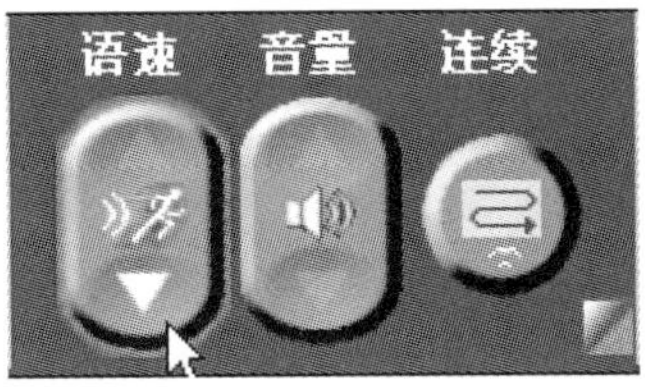

图 4－20　EWB 其他基础键操作

改变朗读音量:见图 4－21。

- "↑",每按下一次,音量就会变大 1 个级别。
- "↓",每按下一次,音量就会变小 1 个级别。

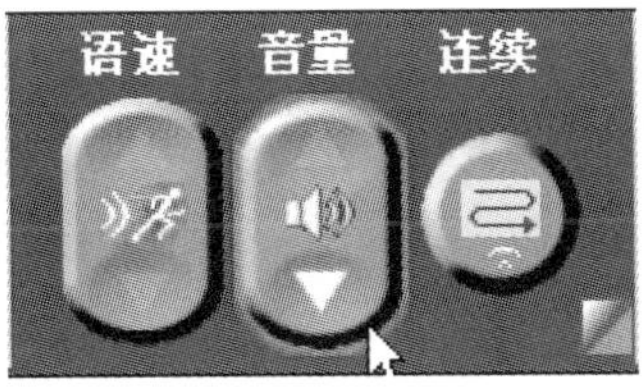

图 4－21　EWB 其他基础键操作

改变页面尺寸:用"缩放"按钮和滑标(放大镜图标的按钮),能够在 50% 到 600% 的范围内调节画面显示的大小,见图 4－22。

- "放大",每次按下"↑"的时候,就会按照 50 → 75 → 100 → 125 → 150 → 175 → 200 → 300 → 400 → 600% 的顺序放大。
- "缩小",每次按下"↓"的时候,就会按照 600 → 400 → 300 → 200 → 175 → 150 → 125 → 100 → 75 → 50% 的顺序缩小。

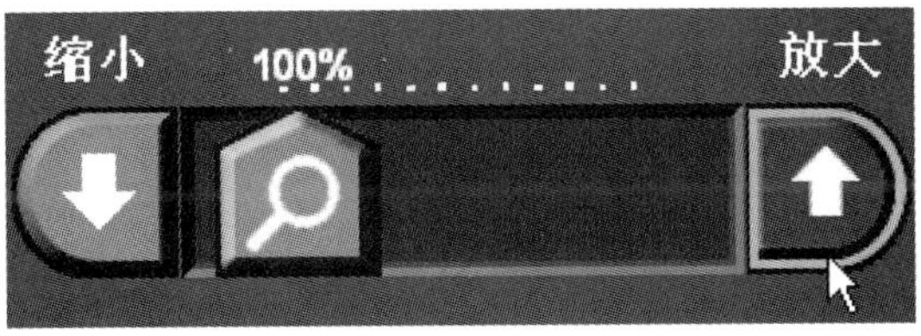

图 4－22　EWB 其他基础键操作

EWB 同样支持键盘操作,使用方法如下:

用 Alt 键可以在操作面板和页面显示部分之间移动,如果焦点在页面显示部分,点击 Alt 键会移动焦点到操作面板上。如果焦点在操作面板上,点击 Alt 键会移动焦点到页面显示部分。

- Alt 键的操作(进行键盘操作前,先把鼠标移动到操作面板上,然后请在按键以外的地方点击鼠标):

Alt +1：顶部

Alt +2：后退

Alt +3：停止

Alt +4：语速 ↓

Alt +5：语速 ↑

Alt +6：音量 ↓

Alt +7：音量 ↑

Alt +8：缩小

Alt +9：放大

Alt + C：配色

Alt + P：打印

Alt + S：设置

Alt +0(零)：退出

选中的按键会被橙色的框围住并有语音提示，点击回车或者空格键即可执行该操作。

• Tab 键的操作(在进行键盘操作前，请先把鼠标移动到操作面板上，然后在按键以外的地方点击鼠标)：

点击 Tab 键可依次选择各个按键。如果先按 Shift 键，再按 Tab 键会反转顺序来选择各个按键。

"顶部" →"后退" →"停止" →"语速↓" →"语速↑" →"音量↓" →"音量↑" →"缩小" →"滑标" →"放大" →"配色" →"打印" →"设置" →"退出"。

• 在段落内移动朗读的位置：在朗读长段落时，按住 Ctrl 键然后再按方向键，可以把朗读移动到段落的开始、结尾、上一行句子或者下一行句子。

• Ctrl + ↑回到段首。

• Ctrl +←回到段尾。

• Ctrl +→返回上一句。

• Ctrl +→前进到下一句。

如果焦点不在显示区域，这个功能则不能使用。想要把焦点移动到显示区域，请点击无链接处(如空白处)。

二、永德读屏软件使用[2]

永德读屏软件于 1999 年研发成功，并获得了国家知识产权局颁发的《软件著作权证书》，为当前国内盲用读屏软件市场主流产品之一。永德读屏软件的使用主要通过快捷键完成。

1. 启动　Ctrl + Alt + R

2. 主要功能键

程序启动后，应首先按小键盘左上角的 Num Lock 键，将小键盘切换到鼠标状态。然后可使用下列几组功能键进行操作：

• 第一组　小键盘快捷键

进行鼠标操作：可使鼠标在屏幕对象之间移动。

8　将鼠标切换到激活的窗口并读出当前窗口的标题。

9　切换并读出激活窗口标题栏的内容，包括最大化、最小化和关闭按钮等。

7　在写字板、网页、Word、可编辑文字等处进行全文朗读，朗读时光标逐行移动。

5　读出当前子窗口的内容，包括按钮、工具栏、列表等。

4　将鼠标指针移到前一个子窗口。

6　将鼠标指针移到后一个子窗口。

回车键　对当前对象做默认操作

2　读出当前子窗口中的项目。

3　读出当前子窗口（标准控件）中的后一项内容。

1　读出当前子窗口（标准控件）中前一项内容。

/　鼠标左键单击。

*　鼠标右键单击。

.　鼠标在当前子窗口的滚动条上移动。

-　将鼠标指针移到子窗口中的前一个对象。

+　将鼠标指针移到子窗口中的后一个对象。

• 第二组　小键盘0加小键盘其他键

使鼠标指针按比例在屏幕上移动。

0+8　鼠标指针上移一行。

0+2　鼠标指针下移一行。

0+4　鼠标指针左移一列。

0+6　鼠标指针右移一列。

0+9　鼠标指针上移十行。

0+3　鼠标指针下移十行。

0+7　鼠标指针左移十列。

0+1　鼠标指针右移十列。

0+5　读出鼠标所指处的内容和鼠标所在的行数和列数。

0+点　读出鼠标焦点所在文字的颜色和背景色以及字体信息。

0+/　鼠标左键按下，再次按此键将鼠标左键松开。

0+*　真鼠标朗读状态切换。

0+-　将鼠标移到键盘焦点所在处。

0+加号　读出鼠标所在窗口的内容。

0+小回车键　逐行读出当前主窗口中的所有文字。

• 第三组　Ctrl加小键盘：网页操作

Ctrl+*　网页和焦点综述功能。读出链接和表单的数量。（在Word中读出当前文档中段、句、字、词的数量；在写字板中读出当前文档的行数和字数；在普通焦点控件中读出所选项目的数量及总数）。

Ctrl+1　前一个链接。

Ctrl+3　后一个链接。

Ctrl+2　切换到第一个链接。

Ctrl+4　向前跳过十个链接。

Ctrl +6　向后跳过十个链接。

Ctrl +5　读出当前链接的序号。

Ctrl +7　从搜索到的内容处开始朗读。

Ctrl +8　朗读网页正文内容(不包括链接和表单)。

Ctrl +9　在当前网页的表单之间进行切换。

Ctrl + 加号　前一个图片。

Ctrl + 减号　后一个图片。

• 第四组　小键盘 0 加编辑键

逐字听读或解释上次听到的内容。

0 + 右光标　切换到后一个字。

0 + 左光标　切换到前一个字。

0 + 下光标　遇到汉字,则解释该字;遇到英语字母,将其所在的英语单词译成汉语,按住 0 再双击下光标则查寻当前汉字在新华字典中的解释。

0 + 上光标　列举该字的词组。

0 + 下翻页键(Page Down)　切换到下一个词。

0 + 上翻页键(Page Up)　切换到上一个词。

0 + 行尾键(End)　移到最后一个字。

0 + 行首键(Home)　移到第一个字。

屏幕滚动(Scroll lock)　重复听读刚刚听到的内容。

• 第五组　Shift 加小键盘

主要为剪贴板操作。

Shift +8　读出剪贴板的全部内容。

Shift +4　读出剪贴板中上一行内容。

Shift +6　读出剪贴板中下一行内容。

Shift +5　从剪贴板当前行读到结尾处。

Shift +3　读状态栏的内容。

Shift +7　在剪贴板内前移十行。

Shift +9　在剪贴板内后移十行。

Shift + 加号　移到剪贴板结尾处。

Shift + 点　在对话框中读出提示信息。

Shift +1　综述剪贴板信息。

Shift +2　听读剪贴板当前行序号。

Shift 加小键盘的减号　打开或关闭剪贴板的循环朗读功能。

Shift + *　朗读进度栏。

• 第六组　Windows 窗口键加小键盘

编辑操作。

Windows 窗口键 +5　解释光标所在字,按住 Windows 窗口键再双击 5 则查询光标所载字在新华字典中的解释。

Windows 窗口键 +4　选择开始点。

Windows 窗口键 +6　选择结束点。
Windows 窗口键 +7　在编辑状态下读出光标所在字的颜色和背景色。
Windows 窗口键 +8　听读光标位置。
Windows 窗口键 +9　在 Word 或写字板中读出当前字体名称和大小。
Windows 窗口键 +/　听读所选内容。
Windows 窗口键 +2　将光标所在的英文单词译成汉语。
Windows 窗口键 + -　标记网页的位置。
Windows 窗口键 + +　将光标移动到位置标记处。

- 第七组　Ctrl + Alt(Ctrl + Alt + Shift)加小键盘

语音控制。

Ctrl + Alt +8　打开永德语音服务器对话框。
Ctrl + Alt +/　切换语音方案。
Ctrl + Alt + Shift +/　反向切换语音方案。
Ctrl + Alt +9　中文语音加速。
Ctrl + Alt +7　中文语音减速。
Ctrl + Alt +4　减小中文音量。
Ctrl + Alt +6　增加中文音量。
Ctrl + Alt +1　降低中文音调。
Ctrl + Alt +3　升高中文音调。
Ctrl + Alt +5　读标点状态切换。
Ctrl + Alt +2　数字/数值读法切换。
Ctrl + Alt + 减号　读出/不读出空格。
Ctrl + Alt + 加号　中英,英中和纯中文读法切换。
Ctrl + Alt + 小回车　恢复当前语音方案默认设置。
Ctrl + Alt + 星号　切换输出所用的声卡。
Ctrl + Alt + Shift + 星号　反向切换输出所用的声卡
Ctrl + Alt + [　输入汉字时听读当前选择字词的英文解释。
Ctrl + Alt + Shift +9　英文语音加速。
Ctrl + Alt + Shift +7　英文语音减速。
Ctrl + Alt + Shift +3　升高英文音调。
Ctrl + Alt + Shift +1　降低英文音调。
Ctrl + Alt + Shift +6　增加英文音量。
Ctrl + Alt + Shift +4　减小英文音量。

- 第八组　普通编辑键

左光标　移到前一字并读出。
右光标　移到后一字并读出。
上光标　移到上一行并读出。
下光标　移到下一行并读出。
Home　移到行首并读出第一个字。

End　移到行尾。

Page Down　翻到下一页并读出光标位置。

Page Up　翻到上一页并读出光标位置。

Ctrl + 左光标　移到前一词并读出。

Ctrl + 右光标　移到后一词并读出。

Ctrl + 上光标　移到上一段并读出。

Ctrl + 下光标　移到下一段并读出。

Pause　暂停/继续朗读。

- 第九组　输入法快捷键

分号键(或 Ctrl + Alt + 分号键)　切换到后一个候选词。

单引号(或 Ctrl + Alt + 单引号)　切换到前一个候选词。

逗号(或 Ctrl + Alt + 逗号)　切换解释候选词中的每一个字。

句号(或 Ctrl + Alt + 句号)　列举候选词中每个字的联想词组。

斜杠(或 Ctrl + Alt + 斜杠)　查寻候选字或候选词中的字在新华字典中的解释。

[(或 Ctrl + Alt + [)　使用永德的各种输入法输入字词时,听读当前选择字词的英文解释。

左 Shift　输入候选词中的第一个字。

右 Shift　输入候选词中的最后一个字。

Page Down 或大键盘 =　显示下一屏候选字词。

Page up 或大键盘减号　显示上一屏候选字词。

Alt + 大键盘数字键　选择输入法。

- 第十组　鼠标位置保存功能键

Alt + 0(小键盘) + 数字(小键盘)　保存当前鼠标指针位置。

Alt + 数字(小键盘)　将鼠标指针移到所保存的位置。

Alt 加小键盘的点:打开或关闭定点监视 1。

Alt 加小回车:打开或关闭定点监视 2。

Alt 加小键盘加号:打开或关闭定点监视 3。

Alt + *　限定或不限定鼠标操作范围。限定鼠标操作范围,鼠标只能在当前窗口范围内移动。

- 第十一组　Ctrl + Windows + Alt 加小键盘

系统音量控制功能。

Ctrl + Windows + Alt + 加号　增加主音量。

Ctrl + Windows + Alt + 减号　减小主音量。

Ctrl + Windows + Alt + 6　增加话筒音量。

Ctrl + Windows + Alt + 4　减小话筒音量。

Ctrl + Windows + Alt + 5　开/关话筒。

Ctrl + Windows + Alt + 小回车　打开/关闭话筒增益功能。

Ctrl + Windows + Alt + 乘号　增加波形音量。

Ctrl + Windows + Alt + 除号　减小波形音量。

Ctrl + Windows + Alt + 9　增加系统音量。

Ctrl + Windows + Alt + 7　减小系统音量。
Ctrl + Windows + Alt + 8　打开或关闭系统声音。
Ctrl + Windows + Alt + 3　增加话筒回放音量。
Ctrl + Windows + Alt + 1　减小话筒回放音量。
Ctrl + Windows + Alt + 2　打开或关闭话筒回放。

- 第十二组　小键盘 0 加大键盘其他键

0 + F4　关闭计算机。
0 + F5　重新启动永德语音系统。
0 + F6　设置“是否显示已知文件类型的扩展名”。
0 + F7　设置/取消开机自动启动。
0 + F8　显示/不显示任务栏上的关闭本软件的图标。
0 + F9　读出当前公历日期。
0 + F10　读出当前农历日期和节气。
0 + F11　读出当前农历年月日时的干支。
0 + F12　读出当前系统时间。
0 + 大键盘数字 1　打开/关闭键盘帮助功能。
0 + 大键盘数字 2　是否自动朗读对话框提示状态切换。
0 + 大键盘数字 3　是否启用智能图形定位功能。
0 + 大键盘数字 4　输入法解释汉字数量开关。
0 + 大键盘数字 5　是否读序号开关。
0 + Tab 键　读出焦点所在的对象。
0 + ~　读出焦点对象及链接后的内容。
0 + Q　读出当前正在运行的应用程序名称和焦点模块、活动窗口模块名称。
0 + W　读出当前屏幕所显示的窗口数量。
0 + E　读出对话框中的默认按钮。
0 + R　读/不读控件类型。
0 + T　读/不读工具提示。
0 + A　读出当前内存的使用状况。
0 + S　打开/关闭窗口监视功能。
0 + D　将所听到的内容添加到剪贴板。
0 + F　对焦点所在的内容进行命名。
0 + G　对鼠标所在的内容进行命名。
0 + H　对鼠标所在的图形进行命名。
0 + K　鼠标锁定开关。
0 + L　键盘锁定开关。
0 + Z　报读 CPU 使用率。
0 + X　将网页上的内容拷贝到剪贴板。
0 + C　将所听到的内容复制到剪贴板。
0 + V　把剪贴板的当前行粘贴到光标所在处。

0 + B　将网页代码拷贝到剪贴板。

0 + 空格　朗读状态切换，包括自动朗读、手动朗读和停止朗读（提示，在手动朗读状态下，用户如想听读信息可按 Scroll lock 键手动听读内容）。

0 + Esc　退出永德读屏软件。

3. Windows 中一些常用界面的操作方法

（1）列表

①鼠标操作法。当按 4、6 或 5 键听到“列表”的时候，可进行以下操作：按 1 或 3 键可在所列的对象之间进行切换，同时把鼠标光标移到该对象，并读出其内容。按 2 键可听到当前的对象。单击可选中该对象。双击可打开该对象。按回车键（小键盘）也可打开该对象。

②键盘操作法。按 Tab 键切换到列表框后，可按光标键进行选择。按回车键可打开该对象。

（2）按下按钮

①鼠标操作法。当按 4、6 或 5 键切换到“按下按钮”时，可进行单击操作以按下该按钮。按小键盘回车键可进行“按下”操作。

②键盘操作。按 Tab 键将编辑光标切换到按下按钮后，可按空格键按下该按钮。有时也可按回车键。

（3）可编辑文字

①鼠标操作。当按 4、6 或 5 键切换到编辑框时，可进行以下操作：按 5 键可听到编辑框的内容；单击该对象，然后可用键盘输入内容。

②键盘操作。按 Tab 键切换到可编辑文字后可直接听到其中的内容。在这种情况下，也可直接输入内容。

（4）组合框

①鼠标操作。当按 4、6 或 5 键切换到组合框或列表框时，可直接听到当前的项目。

②键盘操作。按 Tab 键切换到组合框后，可直接听到当前所选内容，按光标键可选其他项目。

（5）工具栏

鼠标操作法。当按 4、6 或 5 键切换到工具栏时，可进行以下操作：按 1 或 3 键在按钮之间切换；按 2 键听到当前按钮；在按钮上可进行单击操作。按小键盘回车键也可按下该按钮。

（6）框线

①鼠标操作法。当按 4、6 或 5 键切换到树状视图时，可进行以下操作：按 1 或 3 键将鼠标移到一个项目上，然后可单击选择该项目。

②键盘操作法。当按 Tab 切换到框线时，可按光标键进行选择。最后可按回车键打开该项目。按光标键进行选择操作；按 2 听读当前所选内容；按回车键确定。

（7）滑块

键盘操作法。按 Tab 键切换到滑块时，可听到滑块的数值。按光标键改变滑块的值。同时可听到其语音提示。

（8）状态栏

鼠标操作法。当按 4、6 或 5 切换到状态栏时，可进行以下操作：按 1 或 3 键听读状态栏中各项内容；按 2 键听读当前项的内容。（以上所提到的按键，除 Ctrl、Alt、F4、Esc 和字母键以外，

其他都指小键盘上的按键）

对于非标准控键，一般读屏软件会读为“客户端”，可用小键盘加号和减号进行操作。

Windows 热键包括：

Ctrl + 空格 中西文切换

Ctrl + Shift 切换输入法

Alt + Tab 切换任务

Windows + M 最小化所有窗口回到桌面

Ctrl + A 全选

Ctrl + X 剪切

Ctrl + C 复制

Ctrl + V 粘贴

Application 弹出快捷菜单

Alt + F4 关闭当前窗口或退出程序

F1 帮助

F2 重命名

F3 查找

Alt + 回车 属性

Alt 弹出应用程序菜单

Windows 键 弹出开始菜单

Esc 取消当前操作

Tab 在选项中前移

Shift + Tab 在选项中后移

Ctrl + Tab 在选项卡中前移

Ctrl + Shift + T 在选项卡中后移

退格 到上一级文件夹

Alt + 左光标 后退

Alt + 右光标 前进

Ctrl + N 新建

Ctrl + O 打开

Ctrl + P 打印

Windows + E 运行资源管理器

Windows + R 显示“运行”对话框

三、阳光读屏软件使用方法[3]

阳光读屏软件系统适应当今计算机主流操作系统，能将汉字文章直接翻译为盲文，将盲文直接翻译为汉文，将电子版的汉文翻译为盲文。可选用现行盲文和双拼盲文两种盲文文字、印制纯盲文文本或盲汉对照文本两种版式，提供盲汉对照文本的同步编辑修改功能，为不懂盲文的人提供编印盲文的条件，提供学习条件。

具体功能列表：

（1）页面综述。打开网页后，首先应该了解这个网页的基本结构。这个页面上共有多少个帧，有多少个超级链接，有多少个表单等。了解这些信息，对即将开始的操作有重要意义。按快捷键 Ctrl + Win + 左光标键可以实现这个功能。

（2）在不同帧之间跳转。按 F6 可在不同帧之间跳转，Shift + F6 为逆操作。

（3）帧首与帧尾。按 F2 可跳转到当前帧的首部，再次按 F2 可跳转到当前帧的尾部。

（4）在网页元素中跳转。按 Tab 键可在网页中的各种元素间跳转。

（5）抽取超级链接。这个功能是以前版本固有功能，在此版本中继续沿用。按快捷键 Ctrl + F7，页面上所有的超级链接即被抽取出来，以列表的方式呈现。按上或者下光标即可快速阅读超级链接的名称，若要跳转到某个链接所指向的页面，按回车键即可。也可以按空格键将焦点设在页面上该链接的位置，从而进行其他操作。

（6）朗读链接信息。按小键盘 0 + Tab 键，可以朗读出当前超级链接的信息，包括该链接的序号，和链接地址。

（7）跳转到指定链接。当打开网页后，系统自动为每个链接标注序号。我们可以按快捷键

Ctrl + Shift + F8 再弹出对话框中有一个跳到指定链接数的输入框，在此输入想要跳转到的链接序号，并按下回车键，即可将焦点设到页面上该链接的位置。

（8）跳过固定链接。按 Tab 键每次移动一个链接，在实际应用中，我们需要快速跳跃那些每个页面都存在的导航栏。为此，阳光软件专门设计了跳跃固定链接功能。按快捷键 Ctrl + Shift + F8 再弹出对话框中“跳跃固定链接数”输入框中输入每次跳跃的链接数目。设置完成后，按上下翻页键，即可向上或向下跳跃固定的链接数。此功能有助于在浏览网页时节省时间。

（9）快速跳转到输入框。按快捷键 Ctrl + 小键盘 8 键可以快速跳转到页面上第一个输入框，按 Ctrl + 小键盘 6 可以跳转到下一个输入框，Ctrl + 小键盘 4 跳转到上一个输入框。

（10）逐句朗读。上光标键，朗读上一句，下光标键，朗读下一句（这里所说的句子，在正文中以标点为准，在遇到其他元素时，每一个元素视为一句。当碰到文本输入框、组合框等元素时，以浏览方式访问。如要激活输入框或组合框，需按空格键，输入完毕后，按 Ctrl + Alt 键可跳出输入框）。

（11）逐字朗读。按左光标，朗读前一字，右光标，朗读后一字。

（12）直接朗读正文信息。网页上的超级链接、各种元素往往与正文信息交错分布。能略过各种元素直接朗读正文信息，一直是我们梦寐以求的。在这个版本中，已完全实现了这个功能。按快捷键 Ctrl + Win + 右光标，可略过各种元素直接朗读页面上的正文信息。

（13）定义块首和块尾。若你想将网页中的某段文字摘抄下来，而不是将全部网页进行保存的时候，这个功能是非常必要的。按左右光标找到想要复制的起点，按快捷键 Shift + 小键盘 4 键，会听到“选择块首”的语音提示，然后按下或右光标键找到复制的终点，按快捷键 Shift + 小键盘 6 键，可听到“选择块尾”的语音提示，此时，按下 Windows 系统提供的快捷键 Ctrl + c 进行复制操作。

（14）分段朗读。朗读上一段，Ctrl + 上光标。朗读下一段，Ctrl + 下光标。

（15）全文朗读。按下小键盘减号键，可以全文朗读页面。当按上下光标或 Tab 键，将焦点停留在页面某个位置时，进行全文朗读操作，可从当前焦点位置继续朗读。在此要特别说明的是，Tab 键、上下光标、上下翻页键等操作，都会改变页面上的焦点位置，但这些操作与全文朗读都使用统一的焦点记忆机制。也就是说，无论先使用了上述哪一种操作，而后改用另一种操作，在焦点位置上都可自然衔接。即使此时进行其他任务操作，只要浏览器窗口不关闭，焦点位置始终保持不变。

（16）选项设置。按快捷键 Ctrl + Shift + F8 再弹出对话框中有两个选项。“读链接信息时包括链接序号”，这个选项用来控制按下小键盘 0 + Tab 朗读链接信息时是否包括该链接的序号；“自动显示选中文本”，是针对弱视朋友设计的选项，用来控制按上下光标逐句朗读时被朗读的句子是否显示涂黑效果。

（17）摘要朗读。按快捷键 F8，可以从网页开头进行朗读，第一次按下，等于全文朗读，第二次按下该快捷键，向下跳跃 128 个字继续朗读，以此类推。这个功能，用来快速了解网页内容。

（18）查看当前段落数。按快捷键 Ctrl + F8 可获知当前段落为第几段。

（19）读指定段落。按快捷键 Ctrl + Shift + F8 再弹出对话框中读指定段落输入框中输入想要朗读的段落数，按回车键，即可从这一段落开始朗读。

四、蓝天语音读屏软件的使用[4]

蓝天读屏软件是近年来新兴的无障碍读屏软件之一。该系统包含对 Windows 2003、Windows XP、Windows Vista、Windows7 通用控件的读屏，IE6.0、IE7.0、IE8.0 浏览器的读屏，QQ2010 软件的读屏，记事本文件的读屏等四大功能。本产品还具有屏保朗读功能，可伸缩框线项目折叠提示功能，系统活动窗口改变后自动朗读当前活动窗口等特色功能，可以满足各种用户的需求。

1. 系统设置

用户按 0 + F1（打开\关闭软件设置窗口）快捷键打开软件设置窗口进行设置，在系统设置窗口可以调整朗读的音量与语速，实现键盘按键朗读、提示信息朗读、鼠标位置跟随、朗读标点符号等其他系统设置功能。

按 TAB 键在各焦点间移动，下拉框中内容使用小键盘 2、8 进行选择，全局设置选项卡与语音设置选项卡确定位置后，之间用小键盘 4、6 进行切换，设置好后选择保存设置。

按下恢复默认设置按钮后，所有设置恢复为安装后默认设置。

按下保存设置按钮后，保存所有设置的调整。

按下退出设置按钮后，退出设置窗口。

图 4-23　语音设置选项卡

图 4－24　语音设置选项卡

2. 蓝天读屏软件 3.0 版本快捷键

(1)全局快捷键

表 4－1　蓝天读屏软件全局快捷键

开启蓝天语音读屏软件	Ctrl + Alt + Shift + F5
打开/关闭软件设置窗口	0 + F1
小键盘数字状态和读屏状态切换	NumLock
退出蓝天语音读屏软件	0 + Esc
朗读顶层活动窗口	小键盘 5
开启/关闭全局语音朗读	0 + 空格
暂停/继续全局语音朗读	0 + 回车
全局语音当次朗读打断	0
最小化和关闭窗口	小键盘 9
单字朗读刚刚朗读的文字(朗读上一个)	0 + 小键盘 4
单字朗读刚刚朗读的文字(朗读下一个)	0 + 小键盘 6
实现在焦点处的左键单击功能(鼠标跟随已打开)	小键盘/
实现在焦点处的左键双击功能(鼠标跟随已打开)	点击两次小键盘/
实现在焦点处的右键单击功能(鼠标跟随已打开)	小键盘 *
系统标准输入框的单字朗读	小键盘 4,6
打开/静音麦克风声音(win xp/win7/win2003 系统)	0 + Ctrl

(2)输入法朗读控制

表 4－2 蓝天读屏软件输入法朗读控制

切换输入法列表朗读	ctrl + space
候选词列表朗读	上下方向键

(3)TXT 记事本中快捷键

表 4－3 蓝天读屏软件 TXT 记事本中快捷键

读上一行	小键盘 上方向键 8
读下一行	小键盘 下方向键 2
单字	箭头左右
读前一字符	小键盘 左方向键 4
读后一字符	小键盘 右方向键 6
从内容开始处朗读至光标所在行内容	0 + 1
从光标处下一行开始朗读至内容结尾	0 + 2
设定文本选择开始点	0 + F
设定文本选择结束点	0 + J
实现记事本概要描述功能	小键盘 5
全文朗读(此时焦点位于末尾一行)	0 + 1

(4)Internet Explorer 网页浏览控制

表 4－4 蓝天读屏软件 Internet Explorer 网页浏览控制

状态栏朗读	0 + ~
网页正文朗读	0 + 3
网页开始朗读至当前焦点	0 + 2
页面当前焦点处朗读至结尾	0 + 1

(5)微软 Windows XP 快捷键

Win 键：

Win + F1　　打开 Windows 的帮助文件。
Win + F　　打开 Windows 的查找文件窗口。
Win + E　　打开 Windows 的资源管理器。
Win + Break　　打开 Windows 的系统属性窗口。
Win + M　　最小化所有打开的 Windows 的窗口。
Win + Shift + M　　恢复所有最小化的 Windows 的窗口。
Win + U　　打开 Windows 工具管理器。
Win + Ctrl + F　　打开 Windows 查找计算机窗口。
Win + D　　快速显示/隐藏桌面。

Win + R　　　　打开运行对话框,重新开始一个 Windows 任务。

Win + L　　　　在 Windows XP 中快速锁定计算机。

Win + Tab　　　在目前打开的多个任务之间切换,按下回车键即变成当前任务。

Win + Break　　打开“系统属性”窗口。

注意:①以上不包括被其他第三方软件重新定义了的 Win 键的功能。②右边的 Windows 键的右侧的那个键叫 Application 键,可以通过按下它来打开某一项目的快捷菜单,即相当于右击鼠标。

Windows 中通用键:

Ctrl + C　　　　复制。

Ctrl + X　　　　剪切。

Ctrl + V　　　　粘贴。

Ctrl + Z　　　　撤销。

Delete　　　　删除。

Shift + Delete　　永久删除所选项,而不放到“回收站”中。

拖动某一项时按 Ctrl　复制所选项。

拖动某一项时按 Ctrl + Shift　创建所选项目的快捷方式。

F2　重新命名所选项目。

Ctrl + 向右方向键　将插入点移动到下一个单词的起始处。

Ctrl + 向左方向键　将插入点移动到前一个单词的起始处。

Ctrl + 向下方向键　将插入点移动到下一段落的起始处。

Ctrl + 向上方向键　将插入点移动到前一段落的起始处。

Ctrl + Shift + 任何方向键　突出显示一块文本。

Shift + 任何箭头键　在窗口或桌面上选择多项,或者选中文档中的文本。

Ctrl + A　选中全部内容。

F3　搜索文件或文件夹。

Ctrl + O　打开某一项。

Alt + Enter　查看所选项目的属性。

Alt + F4　关闭当前项目或者退出当前程序。

Ctrl + F4　允许同时打开多个文档的程序中关闭当前文档。

Alt + Tab　在打开的项目之间切换。

Alt + Esc　以项目打开的顺序循环切换。

F6　在窗口或桌面上循环切换屏幕元素。

F4　显示“我的电脑”和“资源管理器”中的“地址”栏列表。

Shift + F10　显示所选项目的快捷菜单。

Alt + 空格键　显示当前窗口的“系统”菜单。

Ctrl + Esc　显示“开始”菜单。

Alt + 菜单名中带下划线的字母　显示相应的菜单,在打开的菜单上显示的命令名称中带有下划线的字母执行相应的命令。

F10　激活当前程序中的菜单条
向右方向键　打开右边的下一菜单或者打开子菜单。
向左方向键　打开左边的下一菜单或者关闭子菜单。
F5　刷新当前窗口。
退格键　在“我的电脑”或“资源管理器”中查看上一层文件夹。
Esc　取消当前任务。
将光盘插入到 CD－ROM 驱动器时按 Shift 键阻止光盘自动播放。
Ctrl＋Home　快速到达文件头或所在窗口头部。
Ctrl＋End　快速到达文件尾或所在窗口尾部。
Alt＋Enter　切换 DOS 窗口最大化和最小化。

对话框快捷键：

Ctrl＋Tab　在选项卡之间向前移动。
Ctrl＋Shift＋Tab　在选项卡之间向后移动。
Tab　在选项之间向前移动。
Shift＋Tab　在选项之间向后移动。
Alt＋带下划线的字母　执行相应的命令或选中相应的选项。
Enter　执行活选项动或按钮所对应的命令。
Spacebar　如果活选项动是复选框，则选中或清除该复选框。
方向键　活选项动是一组选项按钮时，请选中某个按钮。
F1　显示帮助。
F4　显示当前列表中的项目。
退格键　如果在“另存为”或“打开”对话框中选中了某个文件夹，则打开上一级文件夹。

“资源管理器”快捷键：

End　显示当前窗口的底端。
Home　显示当前窗口的顶端。
NumLock ＋数字键盘的星号（＊）　显示所选文件夹的所有子文件夹。
NumLock ＋数字键盘的加号（＋）　显示所选文件夹的内容。
NumLock ＋数字键盘的减号（－）　折叠所选的文件夹。
向左方向键　当前所选项处于展开状态时折叠该项，或选定其父文件夹。
向右方向键　当前所选项处于折叠状态时展开该项，或选定第一个子文件夹。

辅助键盘快捷键：

右侧 Shift 键八秒钟　切换“筛选键”的开和关。
Shift 键五次　切换“黏滞键”的开和关。
Win＋U　打开“辅助工具管理器”。

参考文献

[1]图书馆服务宣言(2008)[EB/OL].[2011-06-08].http://lib.jnmc.edu.cn/fwzn/ShowArticle.asp?ArticleID=143.

[2]永德读屏软件使用说明[EB/OL].[2012-11-25].http://wenku.baidu.com/view/5b577237f111f18583d05aeb.html

[3]阳光读屏软件[EB/OL].[2012-11-25].http://baike.baidu.com/view/1271312.htm.

[4]亿时代蓝天3.0使用说明书[EB/OL].[2012-11-25].http://wenku.baidu.com/view/fd0d3229b4daa58da0114a31.html.

第五章　面向残疾人的数字图书馆建设与服务

残疾人群是一个特性突出的社会群体，在满足了医疗、康复、教育就业、福利保障等方面的生存需求之后，分享基本文化权益已成为其新的诉求。由于地理条件的制约和自身生理条件的不足，残疾人在获取信息方面存在较多的困难。以互联网等新兴媒介为依托的信息无障碍建设，将消除残疾人社会交往中的物理和心理的障碍，为实现“读者有其书”的目标迈进一大步，为他们创造更多的教育、社会参与和就业的机会，改善残疾人与社会隔离的状况。

公益性文化事业作为文化建设的重要内容，是中国特色社会主义事业总体布局的重要组成部分。公益性文化事业的根本任务，是创新公共文化服务方式，建立实用、便捷、高效的公共文化服务网络，实施重大文化工程，拓展公共文化服务领域，保障人民收听收看广播电视、读书看报、进行公共文化鉴赏、参与大众文化活动等基本文化权益。

在全国公共文化服务体系建设中，公共文化建设重点工程取得突破性进展和阶段性成效，覆盖城乡的公共文化服务体系初步形成，迎来了公益性文化事业日益繁荣的崭新局面。2011年5月，文化部、财政部联合印发《关于实施“数字图书馆推广工程”的通知》[1]，决定于“十二五”期间在全国实施数字图书馆推广工程，构建以国家数字图书馆为中心、以各级数字图书馆为节点、覆盖全国的数字图书馆虚拟网，建设分级分布式公共文化资源库群、在全国范围内形成有效的数字资源保障体系，以互联网、移动通信网、广电网为通道，借助各级公共图书馆、公共电子阅览室和手机、数字电视、移动电视等新兴媒体，从整体上提升全国公共图书馆服务能力，向公众提供个性化、多样化、全媒体数字图书馆服务。数字图书馆推广工程的实施，将为残疾人分享公共文化建设成就，实现“全民阅读”、“平等阅读”提供了重要的先决条件。

在数字图书馆服务大规模发展的背景下，加强面向残疾人网络文化建设，通过在线公益讲座、电子图书、音视频、有声读物等现代化新媒体手段，满足残疾人的新型文化需求，建设公共文化服务的有效平台，开创精神文明建设的广阔空间已成为我们当前的紧迫任务。依托国家数字图书馆的建设成果，依托“数字图书馆推广工程”，借助新媒体技术拓展服务渠道和信息无障碍服务手段，构建覆盖全国的残疾人数字图书馆服务体系，将有力扩充全国各公共图书馆无障碍数字馆藏，形成规模效益，全面提升各公共图书馆的为残疾读者服务的文献保障水平和信息服务能力。

第一节　建设形式

图书馆是一个开放知识与信息中心，致力于为社会提供普遍均等的服务，并在服务中体现人文关怀，消除弱势群体利用图书馆的困难，为全体读书者提供人性化、便利化的服务，是国家图书馆构建公共文化服务体系的重要举措。中国残疾人数字图书馆由国家图书馆与中国残联信息中心联合建设，依托中国盲人数字图书馆网站的建设成果和经验，为不能亲临国家图书馆享受阅读服务的残疾读者推出的远程文化服务，切实落实了公共文化均等化的理念。中国残疾人数字图书馆是集合多家之长，互通有无、集思广益的创造性产物。它以网站形式建设，依托国家图书馆浩瀚的资源优势，借鉴中国残疾人联合会无障碍网站的建设经验，借助信息无障碍实现技术单位之力，探索一条强强联合、优势互补的行业交叉合作模式。必将成功地积累下有关资金流向、人员配置、责任划分等一系列细化合作共管的宝贵经验。其建设经验将为国家图书馆乃至整个文博系统突破本行业服务领域束缚，拓宽服务思路，实现服务的越界和延展提供了良好的范式。

国家图书馆充分利用其拥有的馆藏丰富资源，负责“中国残疾人数字图书馆”网站的图书、音乐、视频讲座资源的遴选和提供。根据遴选的资源和信息中心提供的残疾人实际需求的图书种类，负责组织相应的部门和人员进行逐页扫描、精细化识别和加工处理。对视频讲座的内容提供字幕加工服务，方便听力残疾人使用。负责网站各类信息资源的编辑与发布。负责提供网站音乐和视频讲座的网络空间和带宽。

中国残联信息中心充分运用国际国内网站信息无障碍技术标准规范和在实践中积累的建设经验，广泛调研和掌握残疾人对无障碍信息服务的实际需求，联合国内外相关无障碍技术支持单位，负责网站主要栏目的无障碍网页技术实现、内容管理发布平台的部署、图书资源的自动整理入库系统开发、网站残疾人实名用户注册验证系统的开发、网站数字资源的版权保护、网站域名服务器的管理、网站美工和模板的设计制作、网站系统环境的日常维护、定期组织盲人朋友测试体验，跟踪残疾人对网站内容的需求、负责日常用户的电话咨询与技术支持等工作。

合作双方开展针对残疾人的资源加工、资源无障碍处理等方面的研究，探索数字资源生命周期的全流程服务模式；以满足用户需求为基本职能；利用统一的元数据标准，将不同来源、格式和版本的信息资源进行有序整合，构建方便、快捷的残疾人数字图书馆服务门户。

第二节　资源建设

从世界范围来看，美国国会图书馆盲人及其他身残人服务部（NLS）为服务视障群体，将大量文献和数据转为有声磁带、光盘或支持点字图书、杂志，制作了超过53 000种不同题材的有声读物，这些读物包括不同国籍及文字的书种[2]。加拿大国家盲人协会图书馆 1998 年开始计划数字化馆藏，创建视障者数字门户，2002 年又成立了世界上第一个专为盲人和视力受损儿童建立的网络门户——集成数字图书馆系统（The Integrated Digital Library）服务于盲人和视力受损用户。韩国、巴拉圭等国也相继开通了盲人数字图书馆，利用先进的网络和计算机技术为视障人群提供资源与服务[3]。从国内来看，比较有代表性的是 2008 年开通的中国盲人数字图书馆网站，推出了中国古代典籍、中文普通图书、中英文新书、MP3 音乐、讲座等盲人读者喜闻乐见的内容。从国内外的情况可以看出，残疾人平等获取知识信息的权利越来越受到重视，资源建设呈现良好的发展态势。

同时，我们也看到面对庞大的残疾人群体，在资源建设方面还存在着许多问题：资源内容无论是从数量上还是种类上来看都不够充足，无法与面向普通人的资源内容相比；资源内容多是面向视障群体，面向听障群体、诵读困难者的资源内容偏少，特别是面向智力、精神障碍者的资源更是欠缺。

根据 IFLA 第 89 号专业报告[4]，图书馆应为残疾人提供特定格式的多媒体资源，主要包括：①有声读物，有声报刊；②大字体印刷书籍；③易读书籍；④有字幕或配备手语解说的 video/DVD；⑤电子书；⑥触觉画册。

加强多种形式的资源建设。肢体残疾人的知识需求大至与非残疾人没有什么区别，而盲人则应将有声读物放在建设的首位，根据听障读者对图像的敏感程度明显高于文字的特点，图书馆应该加强购置图文并茂的多媒体读物并且加强在视频资源中添加字幕或手语等内容的建设。

同时，有针对性地加强重点门类的资源建设。对残疾人康复、专业技能、就业、福利、维权等资源尽量收全；对残疾人特殊教育、职业培训、就业指南等资源要重点收藏，计算机、财会、服装、按摩、音乐、工艺美术等学习资料要选择收藏；加强对社会福利、就业、教育等资源的整合，使之有系统性，方便残疾人使用。

一、资源建设的基本原则

1. 针对性

目前全世界残疾人总数已超过 5 亿人，约占世界总人口的 10%，且在以每年 1500 万人的速度增加，平均每天增加 4 万个残疾人。我国是世界上人口最多的国家，同时也是世界上残疾人数量最多的国家，我国残疾人占全国人口总数 6.34%。残疾人基本可分为视力残疾、听力残疾、言语残疾、肢体残疾、精神残疾和智力残疾六大类型，中国目前各类残疾人总数为 8296 万人，其中，肢体残疾、视力残疾和听力残疾是残疾人的三大组成部分，占到残疾人总数的 68%[5]。

从自身生理特点和心理等条件的限制来看，多数残疾人在认知上有明显的差别；从知识信息的内容来看，多数残疾人会对康复、就业、福利等内容有急切的需求；从知识信息类型的载体上看，不同类别的身体残疾会导致残疾人更倾向于自己适宜的载体知识。

有针对性地进行资源建设不仅要以常识判断为基础，更要以科学的调查统计为支撑。通过发放调查问卷、用特定仪器测量等调查统计方法，来统计和分析数据，细化不同残疾人群体的具体需求，即明确视障群体、听障群体、阅读困难者、智力和精神残疾等群体的具体兴趣点和信息需求是什么，然后根据调查的结果有的放矢地来进行资源建设。

2. 兼容性

兼容性是保证数字资源能够有效利用和推广的重要保证，对不同的硬件设备和软件应具备可兼容的能力，保证残疾人群体的访问。

建设残疾人信息服务数据标准规范，形成国内与国际统一的残疾人数字资源交换、保存、应用框架，利用图书馆分类、主题工具、读者服务、参考咨询等专业服务对残疾人关注的信息进行自动化处理，方便元数据交换和开发，网络上大部分软硬件平台能够相互兼容，与国际残疾人专用数字资源标准可统一交换。

3. 系统性

残疾人作为一个庞大的知识受众群体，只有丰富且有系统的数字化资源才可以改善他们目前在知识鸿沟中所处的弱势地位，真正享受到平等获取信息的权益，满足日益增长的文化需求。

资源建设的系统性要求要坚持非数字可替换格式资料文献资源的数字化和网络上原生数

字内容资源的加工、组织并重。不仅要积极将本馆的珍贵馆藏和特色馆藏进行数字化，建设专题数据库，同时还要购买大量的适合残疾人需要的数据库，注重对有关残疾人方面的网络资源的集成、导航和本地化转换。

资源建设的系统性要求将传统优秀文化资源及当代先进科学、文化资源整合加工，形成包括图书报刊、舞台艺术、音乐美术、影视佳作、科学常识等内容打造成系统完备的知识信息资源库，在此基础上，除了残疾人共同需求的知识信息资源的数字化外，要特别注重按照不同残疾群体的需求来建立专题数字资源库，以保障不同类型的残疾人的全方位的知识信息需求得到满足。

二、资源建设的方式

1. 自建方式

依托国家图书馆的宏富馆藏，根据无障碍标准规范对已有的数字资源内容进行调整和改造，使已有的数字资源内容尽快充实到残疾人数字图书馆的资源中去。对馆藏的非数字化资源，应当按照统一的数据格式规范标准，将其制成适合残疾人使用的资源。有研究表明，任何印刷格式的文献资料都可以转录为用户需求的盲文、音频、电子文本和大字本格式等可替换格式文献资料。根据此种办法，将馆藏的非数字化资源进行格式转化和处理，如将文本资源转换为音频资源、视频资源添加字幕和手语等形式，将大大扩大残疾人数字资源的数量。

2. 购买方式

图书馆自建资源的数量是有限的，资源自建的时间成本和人力成本也很高。因此，通过财政补贴，用购买的方式来补充和加强资源建设就成为一个必然的选择。

我国的知识数据库发展速度迅猛，已经形成了种类齐全、覆盖面广的数据库群。图书馆需要从众多的数据库中，根据资源建设的实际，选取购买市场口碑好，符合数据标准规范的数据库资源，可与自建馆藏资源相互补充，形成体系完备的资源库群。

3. 共建方式

面向残疾人的数字图书馆资源建设不可能是一家图书馆或机构可以独立完成的，而是集合多家之长、互通有无、通力合作才能完成的。具体来说，与国内图书馆进行合作，并在统一标准规范基础上，进行资源的共建共享；政府机构要做好资源的调度和政策引导等工作，对参与资源建设的部门和企业给予资金支持和政策优惠，提高相关企业的参与度和积极性；与出版商和内容制造商签订合作协议，形成合作共赢发展的长效机制，有效整合各部门资源，实现资源的共建共享，开拓创新资源的建设模式。

三、国内中文商业数字资源情况调研

1. 不同类型残疾人的资源需求分析

2006 年，我国各类残疾人的人数及各占残疾人总人数的比重分别是：视力残疾 1233 万人，占 14.86%；听力残疾 2004 万人，占 24.16%；言语残疾 127 万人，占 1.53%；肢体残疾 2412 万人，占 29.07%；智力残疾 554 万人，占 6.68%；精神残疾 614 万人，占 7.40%；多重残疾 1352 万人，占 16.30%[6]。

残疾人比重由高到低分别为：1 肢体残疾、2 听力残疾、3 多重残疾、4 视力残疾、5 精神残疾、6 智力残疾、7 言语残疾。

(1)1 类人群和 7 类人群需求分析

1 类人群利用数字资源的生理障碍相对较小，可提供资源的类型和内容均较为丰富。这部分人群对数字资源的功能性需求较小，而对内容性需求较强烈，可重点突出关于个人发展和康复训练的资源，如文化艺术、职业技能、心理健康、康复训练、休闲娱乐资源，类型上可提供文本、图片、音视频、多媒体等资源。

(2)2 类人群需求分析

2 类人群对数字资源功能性要求较高，在内容上重点突出关于个人发展和康复训练的资源，如文化艺术、职业技能、心理健康、手语教学、康复训练、休闲娱乐资源，在类型上适于提供文本、图片和视频资源（字幕或手语）。

(3)3 类人群需求分析

3 类人群情况较为复杂，不适宜单独分析资源。

(4)4 类人群需求分析

4 类人群对数字资源功能性要求较高，在内容上重点突出关于个人发展和康复训练的资源，如文化艺术、职业技能、心理健康、康复训练、休闲娱乐资源，在类型上适于提供文本、音视频资源，并且需要配合相应的使用工具（如读屏软件）。

(5)5 类人群和 6 类人群需求分析

5 类和 6 类人群利用数字资源具有一定的生理障碍，内容选择应以低年龄段文化教育、培训学习和休闲娱乐为主，在类型上适宜重点提供音视频、多媒体资源。

2. 残疾人数字资源配置建议

通过对国内主要公共图书馆和残疾人图书馆调研发现，目前图书馆为残疾人提供的专门资源主要是盲文文献和各种形式的有声读物，并且数量较少；通过对数字资源市场调研发现，专门针对残疾人而建设的数字资源数量较少，并且文献类型有限。

因此，在进行残疾人数字图书馆资源配置时，建议根据残疾人的特殊需求，从功能性和内容性两个方面考虑，对于功能性要求较高的群体，例如 4 类人群，选择和引进特殊类型资源；对于功能性要求不高的群体，例如 1 类人群，从现有的普适性资源中挑选内容符合的资源进行配置；对于 5 和 6 类则以少儿类资源为主。

以下资源为初步调研结果，由于时间所限，尚未对厂商的经营资质进行详细评估。此外，对其商务模式也有待于内容确定后进行进一步沟通。

(1) 主要适用于视力残疾，其他类人群也适用的资源，见下页表 5 - 1。

表 5－1　视力残疾人士主要适用的资源

类型	名称	厂商	数量	内容备注
有声读物		华声公益助盲志愿者团体	10 000 小时	
有声读物	库客有声读物	库客	100 首	
有声期刊	龙源期刊(有声版)		100 种,2400 期	
有声图书	有声数字图书馆	国图书刊	50 000 条音频	古典文学、科幻、游记等,包含少量音乐、视频、图片
视频	网上报告厅	爱迪科森	16 000 余场讲座	包括文史、农林、培训、医疗、体育健身、心理健康等方面的视频讲座
视频	学术讲坛	超星	4000 余场讲座	
视频	知识视界	武汉缘来文化	800 部	重点是外国科普专题片;中文配音、中文字幕
视频	雅乐经典影院数据库	网博雅乐	4.5 万小时	电影、电视剧
视频		无障碍电影工作室	已制作完成 23 部,25 部在制作中	国内电影加配解说;准备制作数字版
音乐	库客音乐图书馆	库客	500 000 首	
多媒体	新东方	新东方		英语口语学习
多媒体		中文在线	13 000 余种	资源涵盖相声、评书、笑话、文学小说作品、电影录音、音乐广播剧、英语学习资料等

(2)主要适用于智力残疾类,其他类人群也适用的资源,见表5－2。

表5－2　智力残障人士适用的资源

类型	名称	厂商	数量	内容备注
图书	中华连环画数字阅览室	神州共享	4000册	经典连环画
多媒体	乐儿	澳通(大连)科技发展有限公司	400集	少儿科普知识动画
多媒体	台湾教育系列数据库	台湾索引数据股份有限公司	2000种	蕨类、昆虫、鱼类等小百科知识
多媒体	学大小状元	上海传学	70 000多个	小学生课堂辅导
视频	知识视界视频图书馆	武汉缘来文化	500集	引进版少儿类科普资源

(3)除视力残疾外,比较普适性的资源,见表5－3。

表5－3　除视力残疾外,比较普适性的资源

类型	名称	厂商	数量	内容备注
图书	点击书库	上海点击书	4000册	漫画书
报纸	方正报纸库	方正Apabi	400种	
图片	方正精品图库	方正Apabi	40万张	中外美术、出土文物、书法及老照片等

(4)可做链接的资源,见表5－4。

表5－4　可作链接的资源

天方听书网	http://www.tingbook.com/
中国曲艺网	http://www.cnquyi.com/
中国古曲网	http://www.guqu.net/

第三节　用户认证

一、国家图书馆读者认证系统

读者认证系统是集网络用户在线注册、用户认证与管理、数字资源访问等多功能为一体的读者信息综合管理系统。用户认证系统通过接口集成各种资源库服务系统登录,形成单点登录,这样,用户认证系统完成对读者身份进行验证后,即在其中的一个资源系统成功登录后,访问其他资源系统时无需二次认证。实现了跨系统、跨域的统一身份信息管理和认证,保证了用户访问不同的应用系统时的便利性和一致性。目前,国家图书馆用户认证系统共有实名认证读者2 061 092人、网络注册读者274 007人、分馆用户 3009 人。为读者提供在线远程访问数字资源 30 余个,种类涉及多个方面,访问量达3 089 429余次。

随着其用户数量和提供远程访问资源数量的不断增加,用户认证系统正在国图数字资源服务以及为其他应用系统提供用户认证服务等方面的工作中,发挥着越来越重要和不可替代的作用。

1. 利用成熟技术手段进行整合,实现资源无障碍访问

(1)用户注册

残疾人朋友可以通过中国残疾人数字图书馆网站或者中国盲人数字图书馆网站进行注册登记,数据提交到中残联残疾人人口库,系统将根据残疾人证的相关信息进行审核入库,形成中国残疾人数字图书馆的用户信息库。

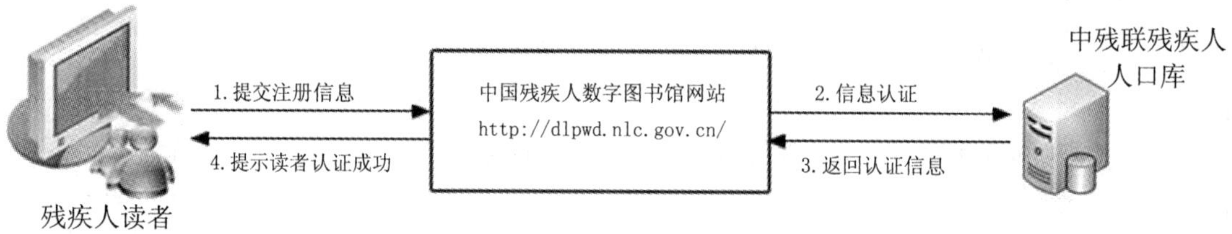

图 5－1　残疾人读者注册流程图

(2)资源访问

中国残疾人数字图书馆网站系统通过 Webservice 调用用户认证系统提供的接口,完成对残障读者身份的实名认证。用户认证系统根据实名认证成功后的残障读者访问权限返回可访问的资源列表为用户提供服务。

与单点登录系统互联后,中国残疾人数字图书馆实现了将残疾人读者在线注册与认证、特色资源浏览、优秀数据库资源访问等多方面功能的有机结合,中国盲人数字图书馆实现了读者在线注册与认证并电子图书栏目结合,为残疾人读者提供了一个使用方便、资源丰富的互联网数字资源访问平台。

2. 重视资源版权保护,做资源访问的护航者

在为残障人士提供数字资源的同时,也没有忽视对资源版权的保护。对于受版权保护的

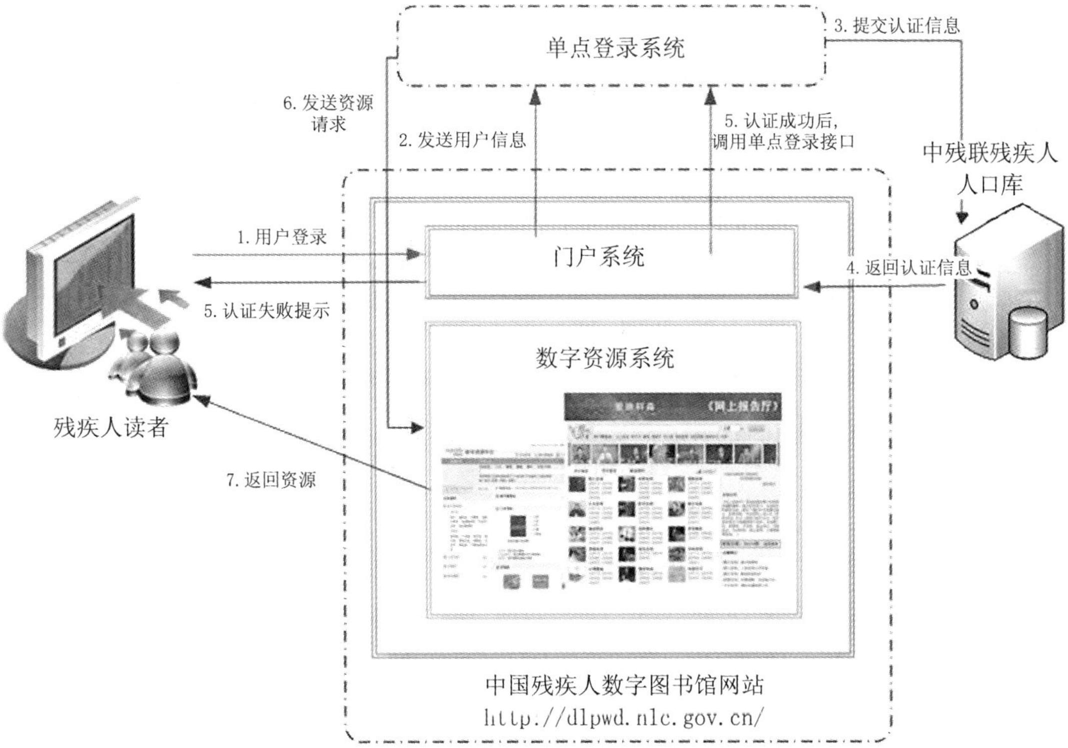

图 5－2　残疾人读者资源访问流程图

内容，无论中国残疾人数字图书馆还是中国盲人数字图书馆都采取了技术保护措施。持有二代残疾证的读者在注册、登录后，经过用户认证系统认证后方可浏览使用数字资源。这是在保护著作权人权益的基础上，最大限度地满足残疾读者的阅读需求；对于已超过版权保护期限的数字资源，不需登录即可浏览。

3. 完整的认证流程，提供更多优质资源

用户认证系统上线后，还在不断增加并丰富数据库资源数量和种类。

图 5－3　中国残疾人数字图书馆用户登录与注册入口

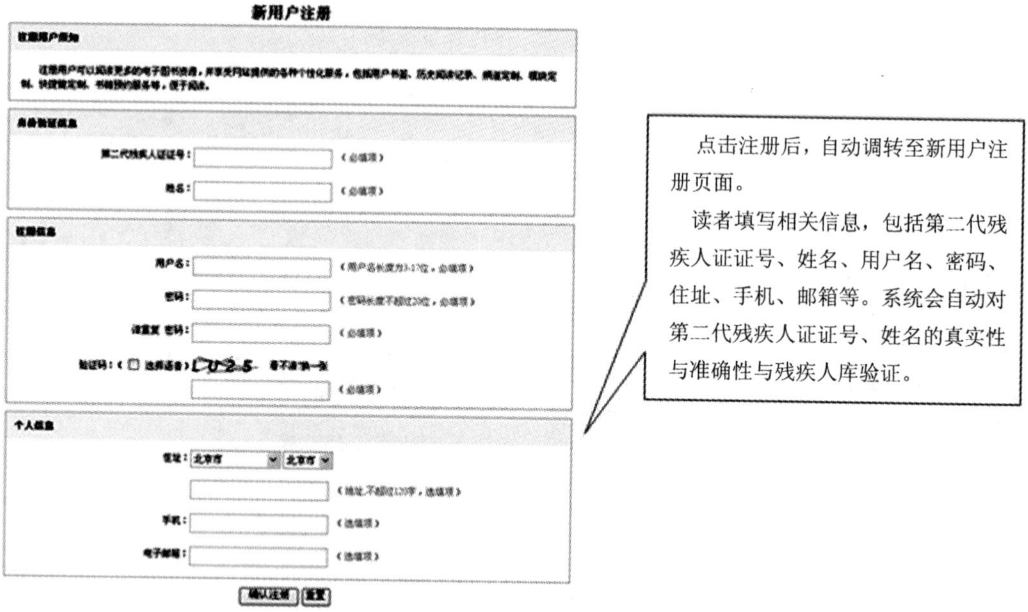

图 5－4　中国残疾人数字图书馆用户注册界面

STEP2：登录

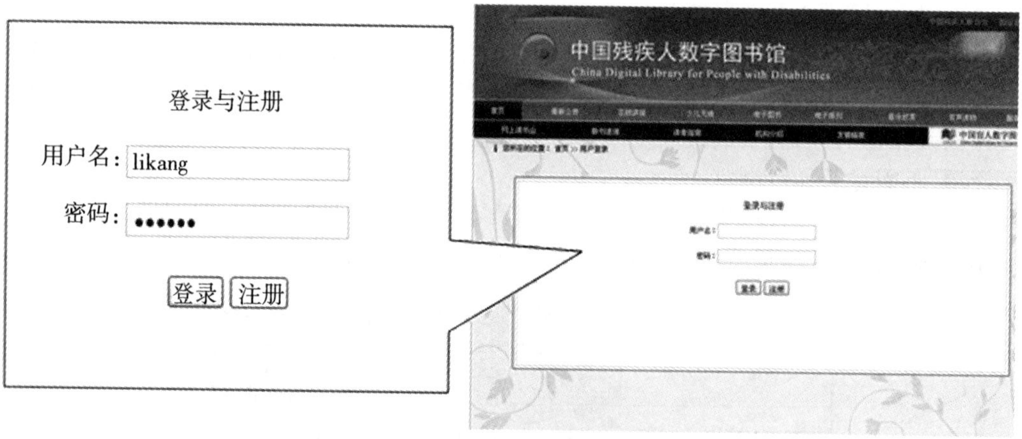

图 5－5　中国残疾人数字图书馆用户登录界面

STEP3：资源列表

图5　6　中国残疾人数字图书馆资源列表

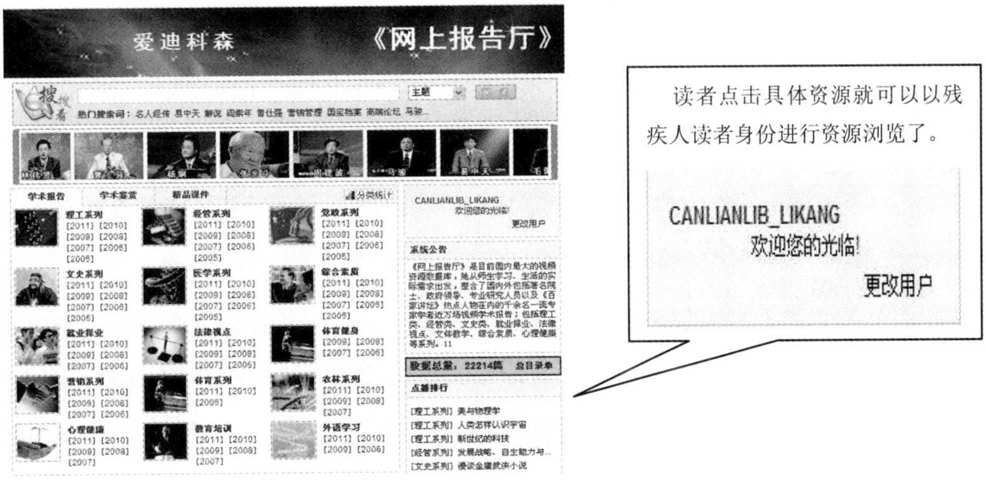

图5－7　中国残疾人数字图书馆数据库页面举例

国家图书馆的读者认证系统的重要意义在于：第一，为残障读者获得更适合自身阅读的数字资源提供了新平台。以往图书馆为残障人士提供的资源服务大多仅局限于到馆服务。这种服务模式局限性很大，很多残障人士并不方便亲自到图书馆借阅或查询图书、报刊等资料。这就使得即使馆区内提供了丰富的可供残障人士使用或阅读的资源，也不能充分发挥其应有的作用。而互联网的迅速发展，打破了这一壁垒，越来越多数字资源的涌现也为残障读者在线获取提供了丰富的数据资源。本网站与用户认证系统实现互联后，为残障读者在线获取数字资源搭建了新的平台，使得很多原本只为普通读者开放的资源，也为残障读者打开了大门。而且，为了使得这些数字资源能够更适合残障读者阅读，都进行了无障碍处理，而且精心挑选了一些专门为残障读者提供的资源。

第二，为图书馆界在为残障人士提供数字资源服务方面开辟了新途径。之前可供残障人士通过互联网访问的数字资源很少，为普通人提供的网络数字资源又基本都是针对普通读者设计和展开服务的，使得残障人士苦于找不到适合自己的数字资源访问入口和途径，即使有这样的资源，残障人士也不能很好地完成注册、认证等一系列相对繁琐流程。而中国残疾人数字图书馆网站与用户认证系统互联的实现，使得残障读者可以根据残疾人证的证号，通过填写简单的注册信息，就能完成在线实名注册。成功登录后，就可以进行在线数字资源访问。而且利用国图用户认证系统的单点登录机制，还实现残障读者一次登录后，无需二次登录即可访问所有数字资源。

第三，拓宽特殊人群接受均等文化服务的渠道。残障读者作为互联网读者的一部分，理应受到和普通互联网读者一样的关注和重视，甚至应该为其提供比普通读者更细致、更人性化的数字资源服务。在残障人士数字资源服务方面，我国图书馆界的探索才刚刚起步，中国残疾人数字图书馆网站与用户认证系统互联是在残障读者的在线实名认证、数字资源远程访问、单点登录、版权保护等多方面的大胆探索，是一次非常有益的尝试。必将为今后图书馆界在对残障读者提供数字资源服务方面的发展和延伸作出更大的贡献。

二、与全国残疾人人口基础数据库挂接

残疾人人口基础数据库的建设，是落实《2006—2020 年国家信息化发展战略》的重要举措，对于构建和谐的社会环境，落实中共中央国务院关于促进残疾人事业发展的意见，促进残疾人事业信息化建设发展具有重要的现实和历史意义。

基础数据库项目建设的主要内容包括以下方面：

制定系统建设标准与规范，包括：标准框架、残疾人人口基础数据管理和应用管理等方面的标准与规范，用于指导残疾人人口基础数据库建设项目乃至今后残疾人信息系统建设，保障系统建设上下级之间标准一致。

完成国家级残疾人人口基础数据库建设，为残疾人事业提供安全、高效的数据汇集、存储、管理、备份的基础环境。国家级残疾人人口基础数据库集中处理全国残疾人事业相关的信息和统计数据。同时通过数据共享服务系统与公安、民政、税务、社保等系统实现数据交换和共享；并且通过数据共享服务系统为残联各级用户提供数据共享服务，为中国残联各业务系统提供基础的数据支撑。

建立国家、省、市和县级残疾人人口基础数据库应用支撑平台，为相关的业务应用系统提供支撑和集成环境，并形成未来残联应用系统的支撑环境。

中国残疾人数字图书馆对于受版权保护的内容，采取技术保护措施，持有第二代残疾人证的读者在注册和登录后，经中国残联全国残疾人人口基础数据库和国家图书馆读者认证系统双重认证后，方可浏览使用数字资源。这是在保护著作权人权益的基础上，最大限度地满足残疾读者的阅读需求；对于已超过版权保护期限的数字资源，不需登录即可浏览。

截至 2011 年 5 月 13 日 15 时，录入全国残疾人人口基础数据库的记录人数为19 168 187人，其中录入本系统并完成第二代残疾人证核发工作的人数为18 022 644人。

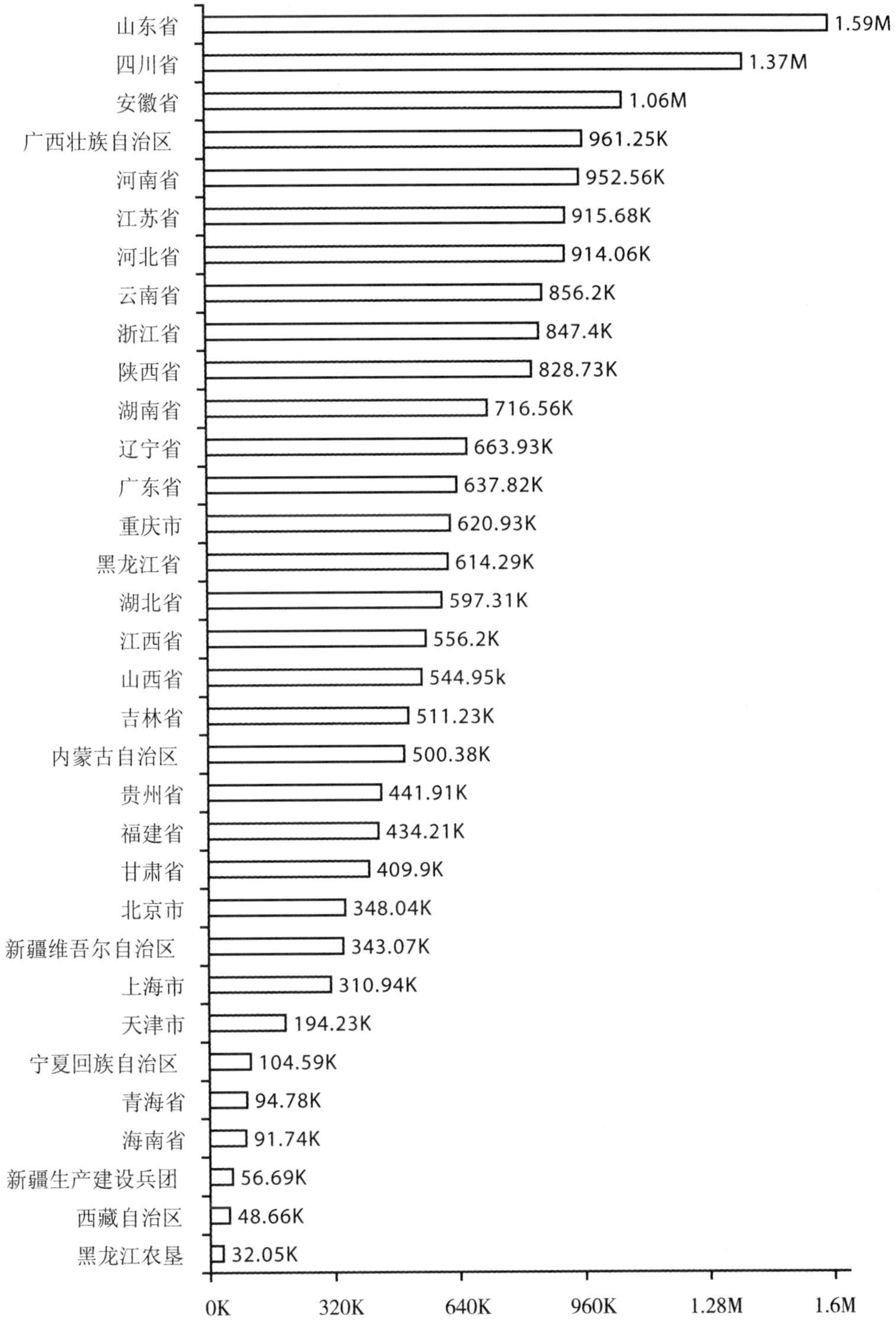

资料来源：本图源自全国残疾人人口基础数据库。

图 5－8　截至 2011 年 5 月 13 日 15 时全国各省办理二代残疾证进度

全国残疾人人口基础数据库在实际操作过程中，需要遵循《残联系统查询全国公民身份信息接口规范》《残疾人人口基础数据库综合信息及二代证办理状态查询接口规范》《残疾人人口基础数据库综合信息查询接口规范》《残疾人人口基础数据库基础信息查询接口规范》等相关规定。

1.《残联系统查询全国公民身份信息接口规范》

(1)单条查询全国公民身份信息

①接口说明

输入：1. Authentication Data 2. Citizen Search Info

输出：Query Result

调用函数：get Individual Query Result

②数据说明

AuthenticationData 类

表 5－5 《残联系统查询全国公民身份信息接口规范》数据说明

字段	类型	说明
Ip	String	由中国残联设置的具有访问权限的 IP
userName	String	由中国残联设置的具有访问权限的用户
passWord	String	与 username 相对应的密码

CitizenSearchInfo 类

表 5－6 《残联系统查询全国公民身份信息接口规范》数据说明

字段	类型	说明
name	String	需要查询身份的姓名
citizenidNumber	String	与 name 相对应的身份证号

QueryResult 类

表 5－7 《残联系统查询全国公民身份信息接口规范》数据说明

字段	类型	说明
state	String	由中国残联返回的状态代码
queryResponse	QueryResponse	由中国残联返回的结果

QueryResponse 类

表 5－8 《残联系统查询全国公民身份信息接口规范》数据说明

字段	类型	说明
state	String	由公安部返回的状态代码
queryResult	CitizenInfo[ ]	由公安部返回的结果

CitizenInfo 类

表 5-9 《残联系统查询全国公民身份信息接口规范》数据说明

字段	类型	说明
citizenidNumber	String	身份号码
name	String	姓名
oldName	String	曾用名
sexCode	String	性别代码
nationCode	String	民族代码
familyType	String	户类型
familyNO	String	户号
regionCode	String	行政区划
birthDate	String	出生日期
certificateParticularAddr	String	身份证_住址
releaseEntity	String	签发机关
releaseDate	String	签发日期
validDuration	String	有效期限
icSerialNumber	String	身份证 ic 号
regionCode	String	行政区划
birthDate	String	出生日期
certificateParticularAddr	String	身份证_住址
releaseEntity	String	签发机关
releaseDate	String	签发日期
validDuration	String	有效期限
icSerialNumber	String	身份证 ic 号
certificateStatusCode	String	验证状态码
marriageRelationCode	String	婚姻状况
birthCountryCode	String	出生国家代码
birthRegionCode	String	出生地省市县(区)
stature	String	身高(CM)
occupation	String	职业
occupationTypeCode	String	职业类型代码
industialTypeCode	String	行业类别
hostRelationCode	String	户主关系代码
engageUnit	String	服务处所
educationDegreeCode	String	文化程度代码

续表

字段	类型	说明
bloodTypeCode	String	血型代码
nationalServiceCode	String	兵役状况
residentAddr	String	户地址
policeStationId	String	派出所编号
policeStationName	String	派出所名称
jiGuanCode	String	籍贯
dataSource	String	数据来源
photoInfo	String[ ]	图片信息
state	String	核查状态(1 - 完全匹配;2 - 号一致,姓名不一致;3 - 库中无此号)

③地址说明

http://webservice. cdpf. org. cn/axis2/services/IndividualQueryService? wsdl

④状态代码

(2)批量查询全国公民身份信息 <注:每次查询仅限 100 条>

①接口说明

输入:1. Authentication Data;2. Citizen Search Info[ ]

输出:Query Results

调用函数:get Individual Query Results

②数据说明

QueryResults 类

表 5-10 《残联系统查询全国公民身份信息接口规范》数据说明

字段	类型	说明
state	String	由中国残联返回的状态代码
queryResponse	QueryResponse[ ]	由中国残联返回的结果

其他数据参见《单条查询全国公民身份信息》。

③地址说明

http://webservice. cdpf. org. cn/axis2/services/IndividualQueryServiceBatch? wsdl

④状态代码

表 5－11 《残联系统查询全国公民身份信息接口规范》数据说明

访问状态代码	说明
NciisGroupuser999	操作正常!
NciisGroupuser000	未收到用户请求消息!
NciisGroupuser001	无法通过身份验证!
NciisGroupuser002	缺少业务代码,无法识别的请求!
NciisGroupuser003	业务数据为空,无服务内容!【公安部身份查询中心业务数据】
NciisGroupuser004	错误业务代码或无法识别的业务代码!
NciisGroupuser005	没有足够的功能行为权限!
NciisGroupuser006	请求数据格式与业务类型不匹配,无法提供服务!
NciisGroupuser007	无法获取业务的数据权限设置!
NciisGroupuser008	欠费账号被锁!
NciisGroupuser009	IP 不匹配!
NciisGroupuser010	唯一识别码不匹配!
NciisGroupuser011	系统错误!
NciisGroupuser012	请求条件不全!

2.《残疾人人口基础数据库综合信息及二代证办理状态查询接口规范》

(1)查询残疾人人口基础数据库综合信息及二代证办理状态

①接口说明

输入:1. AuthenticationData;2. DisableSearchInfo

输出:NewDisableQueryResult

调用函数:getDisableCitizenInfo

②数据说明

AuthenticationData 类

表 5－12 《残疾人人口基础数据库综合信息及二代证办理状态查询接口规范》数据说明

字段	类型	说明
ip	String	由中国残联设置的具有访问权限的 IP
userName	String	由中国残联设置的具有访问权限的用户
passWord	String	与 username 相对应的密码

DisableSearchInfo 类

表 5－13 《残疾人人口基础数据库综合信息及二代证办理状态查询接口规范》数据说明

字段	类型	说明
name	String	需要查询身份的姓名
citizenId	String	与 name 相对应的身份证号
cardNum	String	与 name 相对应的残疾证号
searchCode	String	查询方式(0:身份证号 1:残疾证号)

NewDisableQueryResult 类

表 5－14 《残疾人人口基础数据库综合信息及二代证办理状态查询接口规范》数据说明

字段	类型	说明
state	String	由中国残联返回的状态代码
citizen	AllDisableCitizenInfo	由中国残联返回的结果

AllDisableCitizenInfo 类

表 5－15 《残疾人人口基础数据库综合信息及二代证办理状态查询接口规范》数据说明

字段	类型	说明
cdpfBody	CdpfBody	由中国残联返回的肢体残疾结果
cdpfEar	CdpfEar	由中国残联返回的听力残疾结果
cdpfEye	CdpfEye	由中国残联返回的视力残疾结果
cdpfIq	CdpfIq	由中国残联返回的智力残疾结果
cdpfMental	CdpfMental	由中国残联返回的精神残疾结果
cdpfSpeech	CdpfSpeech	由中国残联返回的言语残疾结果
citizenId	String	身份证号
name	String	姓名
gender	String	性别
race	String	民族
marriager	String	婚姻状况
birthDate	String	出生日期
jiguanCode	String	籍贯
eduLevel	String	教育程度
residentAddr	String	现住址
zipCode	String	邮编
phoneNo	String	电话号码

续表

字段	类型	说明
zipCode	String	邮编
phoneNo	String	电话号码
photo	String	照片
guardian	String	监护人
guardianPhone	String	监护人电话
guardianR	String	监护人关系
workUnit	String	工作性质
workKind	String	单位类型
workUnitP	String	单位性质
isFuli	String	是否福利企业
hukouKind	String	户口类型
cityid	String	地区
cityCode	String	地区代码(详见 city. csv)
statusPerson	String	人口状态
idtComment	String	鉴定意见
idtLevelNum	String	鉴定级别字符串
idtKindNum	String	鉴定残疾类别字符串
idtLevel	String	鉴定级别
idtKind	String	鉴定残疾类别
idtType	String	鉴定方式
idtName	String	鉴定人姓名
idtDate	String	鉴定时间
idtHospital	String	鉴定医院
familyno	String	户口号
memo	String	评残备注
newType	String	新申请、一代换二代标识
cardNum	String	残疾人证号
certDate	String	填发日期
ideaMemo	String	重新评残意见
statusRecord	String	办证状态

CdpfBody 类

表 5 - 16 《残疾人人口基础数据库综合信息及二代证办理状态查询接口规范》数据说明

字段	类型	说明
cdpfId	String	ID
bodyLevel	String	肢体残疾等级
bodyReason	String	肢体残疾原因
bodyDetail	String	肢体残疾详细信息

CdpfEar 类

表 5 - 17 《残疾人人口基础数据库综合信息及二代证办理状态查询接口规范》数据说明

字段	类型	说明
cdpfId	String	ID
earLevel	String	听力残疾等级
earReason	String	听力残疾原因
earLeft1	Integer	左耳 0.5Khz 的测试值
earLeft2	Integer	左耳 1Khz 的测试值
earLeft3	Integer	左耳 2Khz 的测试值
earLeft4	Integer	左耳 4Khz 的测试值
earRight1	Integer	右耳 0.5Khz 的测试值
earRight2	Integer	右耳 1Khz 的测试值
earRight3	Integer	右耳 2Khz 的测试值
earRight4	Integer	右耳 4Khz 的测试值
noise	Integer	本底噪音
hearingLose	Integer	平均听力损失
earSpeech	String	伴随语言能力情况

CdpfEye 类

表 5 - 18 《残疾人人口基础数据库综合信息及二代证办理状态查询接口规范》数据说明

字段	类型	说明
cdpfId	String	ID
eyeLevel	String	视力残疾等级
eyeReason	String	视力残疾原因
sightLeft	Double	左眼矫正视力
sightRight	Double	右眼矫正视力
visionLeft	Integer	左眼视野
visionRight	Integer	右眼视野

CdpfIq 类

表 5－19 《残疾人人口基础数据库综合信息及二代证办理状态查询接口规范》数据说明

字段	类型	说明
cdpfId	String	ID
iqLevel	String	智力残疾等级
iqReason	String	智力残疾原因
iqDegree1	String	智商(0—6 岁)
iqDegree2	String	智商(7 岁以上)
iqFunc	Integer	适应性能力
iqValue	Integer	智商值

CdpfMental 类

表 5－20 《残疾人人口基础数据库综合信息及二代证办理状态查询接口规范》数据说明

字段	类型	说明
cdpfId	String	ID
mentalLevel	String	精神残疾等级
mentalReason	String	精神残疾原因
whoDasIi	Integer	WHO—DAS—II 分值

CdpfSpeech 类

表 5－21 《残疾人人口基础数据库综合信息及二代证办理状态查询接口规范》数据说明

字段	类型	说明
cdpfId	String	ID
speechLevel	String	语言残疾等级
speechReason	String	语言残疾原因
speechDis	Integer	障碍类别
speechClear	Integer	语言清晰程度
speechFunc	String	语言能力

③地址说明

http://webservice.cdpf.org.cn/TwoWayService/services/TwoWayDisableCitizenService?wsdl

(2)查询残疾人人口基础数据库状态代码

表 5-22 《残疾人人口基础数据库综合信息及二代证办理状态查询接口规范》数据说明

访问状态代码	说明
CDPFWS999	操作正常!
CDPFWS001	无法通过身份验证!
CDPFWS002	IP 不匹配!
CDPFWS003	查询的业务数据为空!【残疾人人口基础数据库业务数据】
CDPFWS004	连接其他系统异常
CDPFWS005	系统错误!
CDPFWS006	请求条件不全或有误!

3.《残疾人人口基础数据库综合信息查询接口规范》

主要内容包括:

(1)单条查询残疾人人口基础数据库综合信息

①接口说明

输入:1. AuthenticationData;2. DisableSearchInfo

输出:NewDisableQueryResult

调用函数:getAllDisableCitizenInfo

②数据说明

AuthenticationData 类

表 5-23 《残疾人人口基础数据库综合信息查询接口规范》数据说明

字段	类型	说明
ip	String	由中国残联设置的具有访问权限的 IP
userName	String	由中国残联设置的具有访问权限的用户
passWord	String	与 username 相对应的密码

DisableSearchInfo 类

表 5-24 《残疾人人口基础数据库综合信息查询接口规范》数据说明

字段	类型	说明
name	String	需要查询身份的姓名
citizenId	String	与 name 相对应的身份证号

NewDisableQueryResult 类

表 5－25 《残疾人人口基础数据库综合信息查询接口规范》数据说明

字段	类型	说明
state	String	由中国残联返回的状态代码
citizen	AllDisableCitizenInfo	由中国残联返回的结果

AllDisableCitizenInfo 类

表 5－26 《残疾人人口基础数据库综合信息查询接口规范》数据说明

字段	类型	说明
cdpfBody	CdpfBody	由中国残联返回的肢体残疾结果
cdpfEar	CdpfEar	由中国残联返回的听力残疾结果
cdpfEye	CdpfEye	由中国残联返回的视力残疾结果
cdpfIq	CdpfIq	由中国残联返回的智力残疾结果
cdpfMental	CdpfMental	由中国残联返回的精神残疾结果
cdpfSpeech	CdpfSpeech	由中国残联返回的言语残疾结果
citizenId	String	身份证号
name	String	姓名
gender	String	性别
race	String	民族
marriager	String	婚姻状况
birthDate	String	出生日期
jiguanCode	String	籍贯
eduLevel	String	教育程度
residentAddr	String	现住址
zipCode	String	邮编
phoneNo	String	电话号码
photo	String	照片
guardian	String	监护人
guardianPhone	String	监护人电话
guardianR	String	监护人关系
workUnit	String	工作性质
workKind	String	单位类型
workUnitP	String	单位性质
isFuli	String	是否福利企业
hukouKind	String	户口类型

续表

字段	类型	说明
cityid	String	地区
cityCode	String	地区代码(详见 city. csv)
statusPerson	String	人口状态
idtComment	String	鉴定意见
idtLevelNum	String	鉴定级别字符串
idtKindNum	String	鉴定残疾类别字符串
idtLevel	String	鉴定级别
idtKind	String	鉴定残疾类别
idtType	String	鉴定方式
idtName	String	鉴定人姓名
idtDate	String	鉴定时间
idtHospital	String	鉴定医院
familyno	String	户口号
memo	String	评残备注
newType	String	新申请、一代换二代标识
cardNum	String	残疾人证号
certDate	String	填发日期
ideaMemo	String	重新评残意见

CdpfBody 类

表 5－27 《残疾人人口基础数据库综合信息查询接口规范》数据说明

字段	类型	说明
cdpfId	String	ID
bodyLevel	String	肢体残疾等级
bodyReason	String	肢体残疾原因
bodyDetail	String	肢体残疾详细信息

CdpfEar 类

表 5－28 《残疾人人口基础数据库综合信息查询接口规范》数据说明

字段	类型	说明
cdpfId	String	ID
earLevel	String	听力残疾等级
earReason	String	听力残疾原因

续表

字段	类型	说明
earLeft1	Integer	左耳 0.5Khz 的测试值
earLeft2	Integer	左耳 1Khz 的测试值
earLeft3	Integer	左耳 2Khz 的测试值
earLeft4	Integer	左耳 4Khz 的测试值
earRight1	Integer	右耳 0.5Khz 的测试值
earRight2	Integer	右耳 1Khz 的测试值
earRight3	Integer	右耳 2Khz 的测试值
earRight4	Integer	右耳 4Khz 的测试值
noise	Integer	本底噪音
hearingLose	Integer	平均听力损失
earSpeech	String	伴随语言能力情况

CdpfEye 类

表 5－29 《残疾人人口基础数据库综合信息查询接口规范》数据说明

字段	类型	说明
cdpfId	String	ID
eyeLevel	String	视力残疾等级
eyeReason	String	视力残疾原因
sightLeft	Double	左眼矫正视力
sightRight	Double	右眼矫正视力
visionLeft	Integer	左眼视野
visionRight	Integer	右眼视野

CdpfIq 类

表 5－30 《残疾人人口基础数据库综合信息查询接口规范》数据说明

字段	类型	说明
cdpfId	String	ID
iqLevel	String	智力残疾等级
iqReason	String	智力残疾原因
iqDegree1	String	智商(0—6 岁)
iqDegree2	String	智商(7 岁以上)
iqFunc	Integer	适应性能力
iqValue	Integer	智商值

CdpfMental 类

表 5－31 《残疾人人口基础数据库综合信息查询接口规范》数据说明

字段	类型	说明
cdpfId	String	ID
mentalLevel	String	精神残疾等级
mentalReason	String	精神残疾原因
whoDasIi	Integer	WHO—DAS—II 分值

CdpfSpeech 类

表 5－32 《残疾人人口基础数据库综合信息查询接口规范》数据说明

字段	类型	说明
cdpfId	String	ID
speechLevel	String	语言残疾等级
speechReason	String	语言残疾原因
speechDis	Integer	障碍类别
speechClear	Integer	语言清晰程度
speechFunc	String	语言能力

③地址说明

http://webservice.cdpf.org.cn/axis2new/services/NewDisableCitizenService?wsdl

(2)查询残疾人人口基础数据库状态代码

表 5－33 《残疾人人口基础数据库综合信息查询接口规范》数据说明

访问状态代码	说明
CDPFWS999	操作正常!
CDPFWS001	无法通过身份验证!
CDPFWS002	IP 不匹配!
CDPFWS003	查询的业务数据为空!【残疾人人口基础数据库业务数据】
CDPFWS004	连接其他系统异常
CDPFWS005	系统错误!
CDPFWS006	请求条件不全!
CDPFWS007	尚未发证!

4.《残疾人人口基础数据库基础信息查询接口规范》

(1)单条查询残疾人人口基础数据库信息

①接口说明

输入:1. AuthenticationData;2. DisableSearchInfo

输出:DisableQueryResult

调用函数:QueryDisableCitizen

②数据说明

AuthenticationData 类

表 5-34 《残疾人人口基础数据库基础信息查询接口规范》数据说明

字段	类型	说明
ip	String	由中国残联设置的具有访问权限的 IP
userName	String	由中国残联设置的具有访问权限的用户
passWord	String	与 username 相对应的密码

DisableSearchInfo 类

表 5-35 《残疾人人口基础数据库基础信息查询接口规范》数据说明

字段	类型	说明
name	String	需要查询身份的姓名
citizenId	String	与 name 相对应的身份证号

DisableQueryResult 类

表 5-36 《残疾人人口基础数据库基础信息查询接口规范》数据说明

字段	类型	说明
state	String	由中国残联返回的状态代码
Citizen	DisableCitizen	由中国残联返回的结果

DisableCitizen 类

表 5-37 《残疾人人口基础数据库基础信息查询接口规范》数据说明

字段	类型	说明
name	String	姓名
citizenId	String	身份证号码
disableLevel	String	残疾级别
disableType	String	残疾类别
guardian	String	监护人姓名
photo	String	照片
residentAddr	String	注册地址
telephone	String	电话
remarks	String	评价
birthYearMonth	String	出生日期

③地址说明

http://webservice. cdpf. org. cn/axis2/services/DisableCitizenService? wsdl

④状态代码

参见“查询残疾人人口基础数据库状态代码”。

(2)批量查询残疾人人口基础数据库信息 <注:每次查询仅限 100 条>

①接口说明

输入:1. AuthenticationData;2. DisableSearchInfo[ ]

输出:DisableQueryResultBatch

调用函数:QueryDisableCitizenBatch

②数据说明

AuthenticationData 类

表 5-38 《残疾人人口基础数据库基础信息查询接口规范》数据说明

字段	类型	说明
ip	String	由中国残联设置的具有访问权限的 IP
userName	String	由中国残联设置的具有访问权限的用户
passWord	String	与 username 相对应的密码

DisableSearchInfo 类

表 5-39 《残疾人人口基础数据库基础信息查询接口规范》数据说明

字段	类型	说明
name	String	需要查询身份的姓名
citizenId	String	与 name 相对应的身份证号

DisableQueryResultBatch 类

表 5-40 《残疾人人口基础数据库基础信息查询接口规范》数据说明

字段	类型	说明
state	String	由中国残联返回的状态代码
Citizens	DisableCitizen[ ]	由中国残联返回的结果

DisableCitizen 类

表 5-41 《残疾人人口基础数据库基础信息查询接口规范》数据说明

字段	类型	说明
name	String	姓名
citizenId	String	身份证号码
disableLevel	String	残疾级别

续表

字段	类型	说明
disableType	String	残疾类别
guardian	String	监护人姓名
photo	String	照片
residentAddr	String	注册地址
telephone	String	电话
remarks	String	评价
birthYearMonth	String	出生日期

③地址说明

http://webservice.cdpf.org.cn/axis2/services/DisableCitizenServiceBatch?wsdl

(3)查询残疾人人口基础数据库状态代码

表5-42 《残疾人人口基础数据库基础信息查询接口规范》数据说明

访问状态代码	说明
CDPFWS999	操作正常!
CDPFWS001	无法通过身份验证!
CDPFWS002	IP不匹配!
CDPFWS003	查询的业务数据为空!【残疾人人口基础数据库业务数据】
CDPFWS004	连接其他系统异常!
CDPFWS005	系统错误!
CDPFWS006	请求条件不全!

第四节 服务方式

中国残疾人数字图书馆网站首页遵循WCAG2.0原则进行无障碍网页设计,适用于多种盲用读屏软件及IBM浏览辅助工具。可用键盘操作(使用Tab键在链接之间进行切换,回车键确认进入链接所指页面),不限于鼠标。本站二级页面及下属各内容页暂未经过无障碍处理,不适用于盲人读者。用户可以通过网站首页及各页面导航栏选择进入各栏目首页。

图5-9 网站首页导航

为保护著作者版权，本站处于版权保护期内的数字资源内容，需要用户使用二代残疾证号注册登录之后方可使用；超过版权保护期的资源可直接使用。在首页登录之后，页面将直接跳转到数据库列表，该页整合了全站的需要登录方可使用的数据库资源。

1. 少儿天地栏目

本栏目面向残疾读者中的少儿群体，精选适合资源内容，为孩子提供在线阅读、书籍推荐等服务。目前包括小儿书、在线书屋等8类内容。

小人书：是国家图书馆数字化馆藏的小人书资源，为PDF格式文件，可浏览精彩节选。

新闻出版总署推荐百种优秀图书：提供总署推荐的百种图书的数字化全文阅读，为PDF格式文件。

在线书屋：为采购方正Apabi数字资源平台，提供适合少儿读者的各类书籍，支持检索功能。安装阿帕比阅读器后，可下载书籍阅读。

益智阅读：外购中文在线少儿读物，提供适合少儿读者的各类书籍全文阅读（纸本书籍扫描文件），支持检索功能。

千家诗：是国家图书馆馆藏千家诗资源，进行数字化加工后的视频节目，以经典诗词诵读的形式从小普及中华文化。

学习课件：专为3到12岁小朋友提供的动漫多媒体学习课堂，提供一到六年级语文、数学、英语、音乐、美术学习课件。多媒体视听型文件表现形式丰富、互动性强，适合小学阶段或智力残疾读者使用。

连环画：包括中国共产党党史连环画库、连环画数字阅览室、连环画研究文献库。展示各题材、各时期连环画资源，支持检索。

中国漫画专题库：介绍中国漫画发展历程及各时期代表作品，包括古代漫画、近代漫画、现代漫画、当代漫画、漫画年鉴、漫画名家和漫画游戏。

新东方多媒体学习库：提供小学到大学、在职各阶段的语文、数学、英语多媒体课程，注册登录后，选择相应课程点击“听课”即可使用。

2. 电子图书栏目

该栏目包含了4部分内容，中国盲人数字图书馆中经过无障碍处理的中文图书、文津图书奖入围图书、馆藏数字化中文图书以及外购资源。

文津图书奖：国家图书馆已经解决版权的文津图书奖获奖图书全文阅读，为PDF文件。

馆藏中文图书数字化资源库：该库包含图书17多万种，涉及各个学科，可以在线阅读，支持检索功能。

方正阿帕比数字资源总库：涵盖图书、期刊、报纸、图片、人物、参考文献、索引、音视频等各类资源，为读者提供网络阅读及信息检索服务等服务。注册登录之后方可使用。

中国盲人数字图书馆中经过无障碍处理的中文图书，将在后面专门介绍。

3. 电子报刊栏目

该栏目全部为外购资源，经过人口库和国家图书馆登录系统认证后可使用。

Emerald回溯数据库：英文数据库。Emerald以出版人文、社会科学期刊和图书为主。本次开通的全国在线内容包含178种全文期刊，超过11万篇的全文内容，涉及商业管理、信息科学、材料学及工程学等领域，年代自1898至2000年。支持检索功能。

SAGE回溯期刊数据库：英文数据库。SAGE是一家专注于出版人文与社会科学、科技、医学领域的学术期刊出版社，本次开通的全国在线内容包括80多种期刊，共计3.2万多期、460多万页的41.8万篇全文，年代从创刊起至1998年。支持检索功能。

龙源期刊网：据中国期刊协会的推荐和读者调查，收录了中国内地具有代表性的1700多种著名人文电子期刊全文。注册登录后方可使用。

中国期刊全文数据库（清华同方知网）：该库精选了1994年以来科学技术、人文科学的核心和专业期刊8200余种，部分刊物回溯至创刊。注册登录后方可使用。

维普中文科技期刊数据库：该库收录了1989年以来的12 000余种中文科技期刊，分类包括：社会科学、自然科学、工业技术、农业科学、医药卫生。注册登录后方可使用。

4. 有声读物栏目

天方有声图书馆：内容包括中国文学、外国文学、武侠小说、古典诗词名著、二十五史·资治通鉴、素质教育文库、英文视听文库、法律·经济、生活百科全书、中外名画欣赏等8000多册（幅）各类资源。

龙源期刊有声阅览室：龙源有声阅览室是龙源期刊网最新推出的一款无障碍信息产品。从3000余种大众人文类期刊的海量信息中遴选文章，由专业团队真人朗读，适用于视力障碍人士、老年人和有声读物爱好者。

5. 新书速递栏目

该栏目是与盲人数字图书馆网站共同建设的栏目。展示最新书籍的内容介绍，点击书籍封面图片或书名可跳转至盲人数字图书馆站点该书阅读页面。

6. 在线讲座栏目

网上报告厅：整合了多种视频文献信息资源，内容涵盖理工、经管、文史、党政等各个类别。下载爱迪科森播放器后，直接点击相应条目即可收看，支持检索功能。

7. 音乐欣赏栏目

与盲人数字图书馆共享的栏目，提供国家图书馆数字化的音频节目。

8. 网上读书会栏目

包括阅读活动专题、阅读指南、好书推荐、网上征文等版块，用户可在此参加阅读活动，并分享阅读心得。本栏目提供语音版网页。

9. 读者指南

包括网站介绍、栏目设置、国家图书馆阅览室介绍、开放时间和交通线路图。

第五节　利用情况

一、服务方式

残疾人在知识获取方面存在着过程障碍和空间障碍。作为图书馆传统服务中坚持优先对待群体，残疾人在数字图书馆时代也将体验到新技术的便利和优势。IBM世界信息无障碍中心主任王馥明指出："经过市场调查，我们发现残障人士上网的频率比普通人要高。"以网络为媒介的服务平台的建立，将极大地解决这个特殊群体行动不便的窘境。中国残疾人数字图书馆网站的建设正是依托互联网，消除残疾人在知识获取中的种种障碍。

网站始终贯彻"以用户为中心"的服务理念，通过用户调研获取真实精准的需求信息，以此为指导,遴选切实契合用户需求的资源类型和内容。

坚持内容多元化、形式多样化原则,兼顾研究型用户和大众读者的不同需求。按照“边建设边服务”的原则,各栏目内容将不断被扩充,并在实际的建设中及时听取读者反馈,并将其融入到下一阶段的建设思路中。

本着简单和实用原则,根据残疾读者的实际需要,规划以下专栏:

电子图书:含中文图书数据库、西文图书,并特别推荐历届国家图书馆文津图书奖参评及获奖图书。

新书速递:每月发布 20 本最新上架图书,提供各学科的新书导读。

音乐欣赏:选取西方古典音乐的经典曲目供读者免费收听。

电子报刊:涵盖国内多个具影响力的电子期刊、报纸数据库。

在线讲座:包括国家图书馆面向公众推出的学术文化系列讲座及网上报告厅。

文津讲坛预告:提供国家图书馆品牌栏目讲座预告,欢迎读者现场参与。

有声读物:提供残疾人喜闻乐见的小说、相声、评书等形式的内容。

网上读书会:组织读者以阅读为主题,进行多种形式的线上线下互动。

最新公告:及时发布中国残疾人数字图书馆相关公告。

读者指南:提供国家图书馆开馆和闭馆时间、方位、乘车路线及残疾人阅览室信息等内容,满足残疾人到馆信息查询。

机构介绍:介绍全国各级残联的机构设置情况、职能和联系方式。

友情链接:链接国内外相关残疾人网站,实现信息导航。

网站导航:提供网站整体布局和位置说明,方便读者利用网站资源。

二、网站利用情况

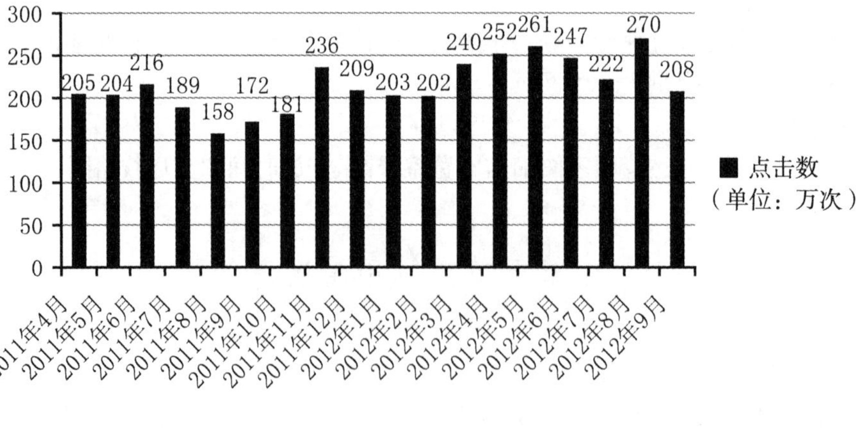

图 5－10　残疾人数字图书馆点击数

自 2011 年 4 月 23 日开通以来,残疾人数字图书馆网站点击数一直维持在较高水平,截至 2012 年 9 月,总点击数约 3700 万次,月均点击近 206 万次。

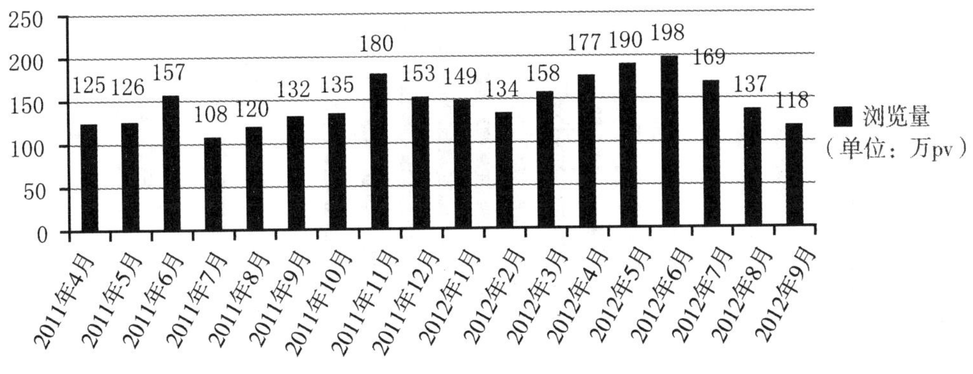

图 5－11　残疾人数字图书馆浏览量

截至 2012 年 9 月，残疾人数字图书馆网站总浏览量合计达到 2700 万，月平均浏览量 150 万。由上图 5－11 可见，各月浏览量有小幅波动，峰值出现在 2012 年 6 月，该月浏览量高达 200 万。

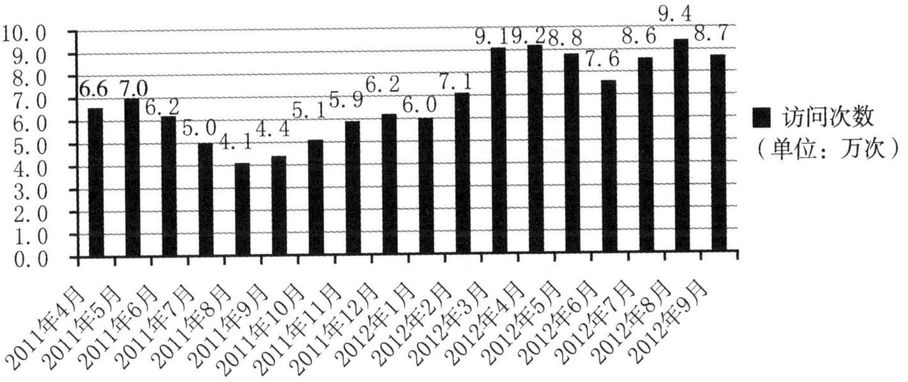

图 5－12　残疾人数字图书馆访问次数

截至 2012 年 9 月，残疾人数字图书馆网站访问次数合计 125 万次，月平均访问 6.9 万次。如上图 5－12 所示，2012 年度访问次数较之 2011 年度有明显上升，可推测经过一年多的建设，网站已初步建立起较为稳定的用户群。

截至 2012 年 9 月，共有近 90 万读者访问过残疾人数字图书馆，月均访问人数为 5 万。由下页图 5－13 可见，每月访问者数分布较为均匀。

根据流量监测软件可见，残疾人数字图书馆网站的用户遍布中国、美国、英国、日本等 116 个国家；在我国境内覆盖了包括港澳台在内的所有省份和自治区、直辖市。

在面向残障人士的信息无障碍服务方面，国内图书馆界已经取得了一些成绩。不过仍然值得关注的是，就我国公共文化服务体系而言，我们目前所做出的努力还远远不够。据中国互

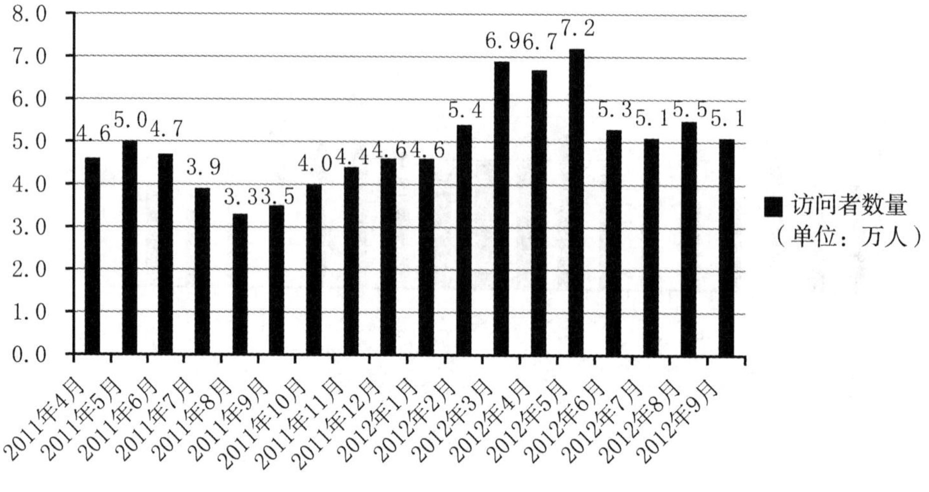

图 5－13　残疾人数字图书馆访问者数

联网信息中心调查显示，国际发达国家中互联网的渗透率与普及率在慢慢拉近，在我国这个距离却在逐步拉大。因此，我们需要通过诸如中国残疾人数字图书馆这些已建成或在建项目的示范效应，积累经验，重视用户需求与反馈，不断调整服务模式并推出更多的创新服务，最终构建出一个相对完善的残疾人阅读服务体系。从残障人士的需求出发，应用先进的技术手段与研究成果，不断创新服务方式，加强资源建设。为残障人士提供人性化、便利化的服务，创造良好的学习条件，保证残障人士阅读与知识接受传播的可及性。

第六节　无障碍检测结果

中国残疾人数字图书馆网站在正式发布前，委托专业技术开发单位对网站进行无障碍检测，检测包括机器检测、人工分析、应用体验三部分内容。

一、机器检测

1. 检测说明

（1）检测目标

中国残疾人数字图书馆网站

网站地址：http://dlpwd.nlc.gov.cn/

（2）检测工具

在无障碍检测中机器检测环节所采用的检测工具，是由国内无障碍网站专业技术公司自主研发的全网网站无障碍自动检测软件。

（3）依据标准

在无障碍检测过程中完全以中国信息产业部颁布的《信息无障碍—身体机能差异人群—网站设计无障碍技术要求》与《信息无障碍—身体机能差异人群—网站设计无障碍技术评级测试方法》以及国际标准 WCAG2.0 作为主要依据，对中国残疾人数字图书馆网站进行检测。

(4)检测等级

根据用户要求的无障碍符合程度，设定无障碍检测等级，无障碍检测等级主要包括：

等级1：符合第1级合格标准

——实现最低级别的无障碍访问。

——可以合理地应用到所有Web内容中。

等级2：符合第2级合格标准

——实现强化级别的无障碍访问。

——可以合理地应用到所有Web内容中。

等级3：符合第3级合格标准

——实现附加的增强的无障碍访问。

——可以合理地应用到所有Web内容中。

(5)检测时间

中国残疾人数字图书馆网站从2011年12月5日开始检测，至2011年12月8日完成检测。

2.检测范围

本次针对中国残疾人数字图书馆网站全站内容进行检测，主要包括首页、最新公告、在线讲座、少儿天地、电子图书、电子报刊、音乐欣赏、有声读物、服务声明、新书速递、读者指南、机构介绍、友情链接共13个一级栏目及其包含的内容页面。

3.检测结果

中国残疾人数字图书馆网站共检测网页1092页，通过率97.8%，基本达到《YD/T 1761—2008 信息无障碍—身体机能差异人群—网站设计无障碍技术要求》中关于等级1及部分等级2标准的规定，使网站内容访问符合无障碍要求。

4.检测明细

表5-43 检测明细表

受测网址	栏目名称	受测页数	通过页数	通过率	检测等级
http://dlpwd.nlc.gov.cn/	首页	1	1	100%	等级1及部分等级2
http://dlpwd.nlc.gov.cn/zxgg/zxgg.htm	最新公告	13	13	100%	等级1及部分等级2
http://dlpwd.nlc.gov.cn/zxjz/zxjz.htm	在线讲座	439	436	99.3%	等级1及部分等级2
http://dlpwd.nlc.gov.cn/setd/setd.htm	少儿天地	1	1	100%	等级1及部分等级2
http://dlpwd.nlc.gov.cn/dzts/dzts.htm	电子图书	5	4	80%	等级1及部分等级2
http://dlpwd.nlc.gov.cn/dzqk/dzqk.htm	电子报刊	1	1	100%	等级1及部分等级2
http://dlpwd.nlc.gov.cn/yyxs/yyxs.htm	音乐欣赏	619	600	96.9%	等级1及部分等级2
http://dlpwd.nlc.gov.cn//fwsm.htm	服务声明	1	1	100%	等级1及部分等级2
http://dlpwd.nlc.gov.cn/xssd/xssd.htm	新书速递	3	2	66.7%	等级1及部分等级2
http://dlpwd.nlc.gov.cn/dzzn/dzzn.htm	读者指南	5	5	100%	等级1及部分等级2
http://dlpwd.nlc.gov.cn/jgjs/jgjs.htm	机构介绍	3	3	100%	等级1及部分等级2
http://dlpwd.nlc.gov.cn/yqlj/yqlj.htm	友情链接	1	1	100%	等级1及部分等级2
统计	7个栏目	1092	1068	97.8%	等级1及部分等级2

二、人工检测分析

1. 分析概述

(1)分析目标

中国残疾人数字图书馆网站

网站地址:http://dlpwd.nlc.gov.cn/

(2)分析工具

在无障碍检测中,人工检测分析环节主要以无障碍专家分析为主,配合部分页面的检测工具 Firefox Accessibility Extension 以及页面颜色分析工具 Colour Contrast Analyser,在各种客户端环境下对机器无法检测的内容进行人为分析。

(3)依据标准

无障碍检测过程中完全以中国信息产业部颁布的《信息无障碍—身体机能差异人群—网站设计无障碍技术要求》与《信息无障碍—身体机能差异人群—网站设计无障碍技术评级测试方法》作为主要依据,来对中国残疾人数字图书馆网站进行人工分析。

(4)分析等级

根据用户要求的无障碍符合程度,设定无障碍检测等级,无障碍检测等级主要包括:

等级1:符合第1级合格标准

——实现最低级别的无障碍访问。

——可以合理地应用到所有 Web 内容中。

等级2:符合第2级合格标准

——实现强化级别的无障碍访问。

——可以合理地应用到所有 Web 内容中。

等级3:符合第3级合格标准

——实现附加的增强的无障碍访问。

——可以合理地应用到所有 Web 内容中。

(5)分析时间

中国残疾人数字图书馆网站从2011年12月5日开始检测,至2011年12月8日完成检测。

2. 分析范围

本次针对中国残疾人数字图书馆网站全网,十二个栏目的主要页面进行逐一分析,主要包括中国残疾人数字图书馆网站首页及主要栏目的一级页面、二级页面及细缆页面。

分析内容主要包括以下几个方面:

(1)感知性。网页内容必须是可感知的。

(2)可操作性。网页内容中的界面组件必须是可操作的。

(3)可理解性。网页内容和控件必须是可理解的。

(4)兼容性。网页内容必须足够健壮,能够与当前及未来的用户代理(包括辅助技术)协同工作。

3. 分析明细

表 5－44　检测明细表

受测网址	栏目名称	受测页数	检测内容	
			测试方向	测试结果
http://dlpwd. nlc. gov. cn/	首页	1	感知性	通过
			可操作性	通过
			可理解性	基本通过
			兼容性	通过
	最新公告	3	感知性	通过
			可操作性	通过
			可理解性	基本通过
			兼容性	通过
	在线讲座	5	感知性	通过
			可操作性	通过
			可理解性	基本通过
			兼容性	通过
	少儿天地	1	感知性	通过
			可操作性	通过
			可理解性	基本通过
			兼容性	通过
	电子图书	5	感知性	通过
			可操作性	通过
			可理解性	基本通过
			兼容性	通过
	电子报刊	1	感知性	通过
			可操作性	通过
			可理解性	基本通过
			兼容性	通过
	音乐欣赏	10	感知性	通过
			可操作性	通过
			可理解性	基本通过
			兼容性	通过
	服务声明	1	感知性	通过
			可操作性	通过
			可理解性	基本通过
			兼容性	通过

续表

受测网址	栏目名称	受测页数	检测内容	
			测试方向	测试结果
	新书速递	1	感知性	通过
			可操作性	通过
			可理解性	基本通过
			兼容性	通过
	读者指南	1	感知性	通过
			可操作性	通过
			可理解性	基本通过
			兼容性	通过
	机构介绍	1	感知性	通过
			可操作性	通过
			可理解性	基本通过
			兼容性	通过
	友情链接	1	感知性	通过
			可操作性	通过
			可理解性	基本通过
			兼容性	通过
统计	12 个栏目	31 页		通过

三、应用体验

1. 体验说明

(1)体验目标

中国残疾人数字图书馆网站

网站地址:http://dlpwd. nlc. gov. cn/

(2)体验工具

在无障碍检测中应用体验环节主要以应用体验为主,配合使用各种语音读屏软件,如阳光读屏软件、永德读屏软件、蓝天读屏软件,在各种客户端环境下对中国残疾人数字图书馆网站进行应用体验。

(3)体验依据

无障碍体验过程中主要根据中国残疾人数字图书馆网站实际功能说明及网站介绍,来对中国残疾人数字图书馆网站进行应用体验。

(4)体验时间

中国残疾人数字图书馆网站从 2011 年 12 月 5 日开始检测,至 2011 年 12 月 8 日完成检测。

2. 体验范围

本次针对中国残疾人数字图书馆网站全站内容进行检测,主要包括首页、最新公告、在线讲座、少儿天地、电子图书、电子报刊、音乐欣赏、有声读物、服务声明、新书速递、读者指南、机构介绍、友情链接共13个栏目。

3. 体验内容及结果

功能	说明	完成状态	体验结果
无障碍强化功能	• 基本操作功能： 全网页面都可以可用键盘操作，使无法使用鼠标的用户也可以无障碍地访问网页内容。 • 区域跳转功能： 功能区跳转快捷键可帮助用户使用快捷键快速到达主要内容区，顶部导航区，左边导航区，底部内容区，中间内容区等不同页面区块中，实现快速浏览。	☑是 □否	通过
对屏幕阅读设备的支持	• 网站采用最先进的有含义的标记方式，使屏幕阅读器软件使用者能够从中获得完整辅助语音支持。使用符合无障碍标准屏幕阅读器软件的使用者还可以区分标题，菜单子项数目等强化辅助提示。 • 所有有含义图片均提供了替代文字说明，消除了屏幕阅读器软件用户无法阅读图片信息的障碍。 • 所有链接均添加可理解的完整含义提示文字，使屏幕阅读器软件用户使用 Tab 键跳转到链接时，可以不依赖与上下文内容就可以理解链接的目标。 • 为网页中内嵌网页提供了相应的说明标题并提供了键盘访问功能，使屏幕阅读器软件用户可以准确理解内嵌网页的主题，并可无障碍地访问网页的内容。	☑是 □否	通过
键盘操作功能	• 网站所有功能均可通过键盘操作来实现，不单纯依赖鼠标进行控制。 • Tab 键选择栏目，Enter 键查看详情。	☑是 □否	通过
语音验证	• 提供语音验证功能	☑是 □否	通过
网站辅助浏览工具	• 采用 IBM Easy Web Browsing 工具，对全站内容进行语音朗读。 • http://cdlpwdewb.cdpf.org.cn/manual_cn.html 功能说明	☑是 □否	通过
网站的兼容性	• 浏览器的兼容性。 • 辅助软件的兼容性。	☑是 □否	通过

4. 典型示例

(1)快速导航

图 5－14　快速导航区

(2)为非文本内容提供替代文字说明

图 5－15　非文本内容的文字说明显示

(3)语音验证

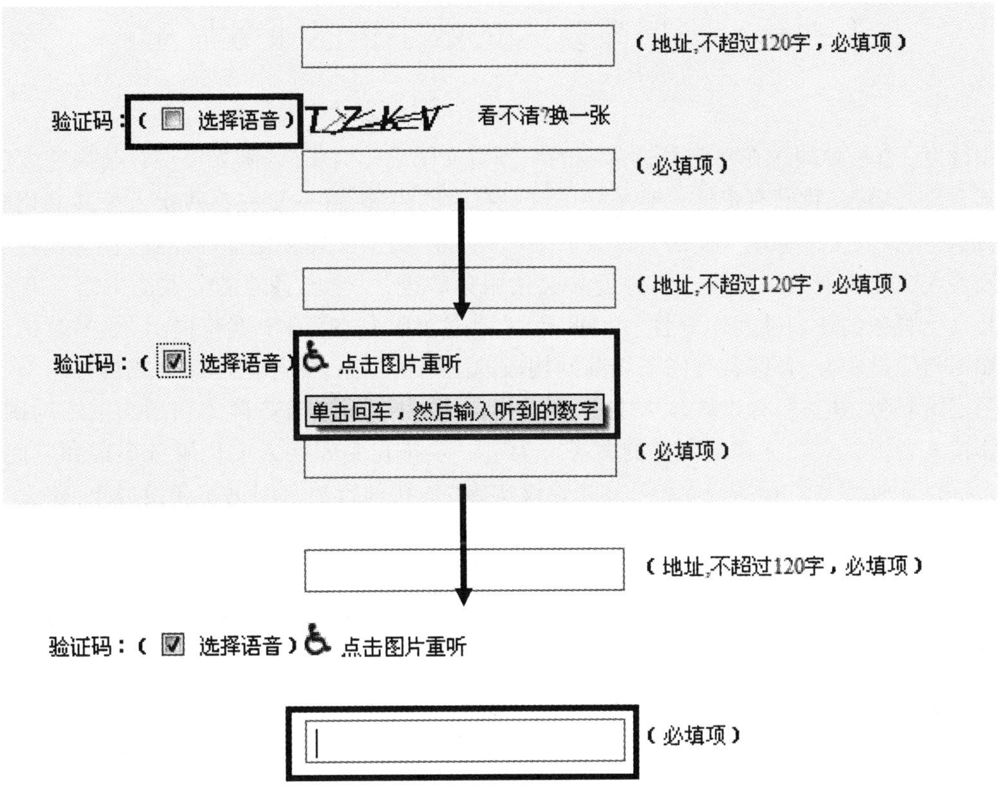

图5-16　语音验证

综上所述,中国残疾人数字图书馆网站所有功能均可用,并提供语音提示、快速导航、语音验证等功能,为弱视人群提供便利,此外本网站所有功能可完全避开鼠标来进行操作,盲人朋友可结合读屏软件基本完成网站信息浏览的全部过程。

参考文献

[1]文化部、财政部关于实施“数字图书馆推广工程”的通知[EB/OL].[2012-05-08].http://wenku.baidu.com/view/361983f0f61fb7360b4c65e1.html.

[2]杨江平.服务与公平[J].新世界图书馆,2008(4).

[3]李春明,陈力,张炜.中国残疾人数字图书馆建设展望[J].图书馆建设,2010(11).

[4]International Federation of Library Associations and Institutions IFLA Professional Reports, No. 89[R/OL].[2012-10-08].http://www.ifla.org/files/assets/hq/publications/professional-report/89.pdf.

[5]贾祝君,申黎明,潘天云.残疾人与无障碍设计[J].山西建筑,2011(22).

[6]第二次全国残疾人抽样调查结果公布 全国各类残疾人总数8296万人[EB/OL].[2011-03-08].http://sports.sina.com.cn/s/2006-12-02/09371042361s.shtml.

第六章　面向残疾人的数字信息服务展望

2011 年，李长春同志在参观新近落成的中国盲文图书馆时指出，随着经济社会快速发展和综合国力日益增强，我们有责任也有条件采取更有力的措施，进一步完善残疾人公共文化服务体系，推动残疾人文化事业大发展大繁荣。要以完善残疾人公共文化基础设施为突破口，大力推动残疾人文化事业繁荣发展。作为公共文化服务的重镇，全国各地的公共图书馆一直在倡导公共文化服务的便利性和均等性。2008 年，《图书馆服务宣言》中就曾提出：图书馆是一个开放知识与信息中心，各级各类图书馆共同构成的图书馆体系，保障全体社会成员普遍均等地享有图书馆服务，并在服务中体现人文关怀，特别应致力于消除弱势群体利用图书馆的困难，为全体读书者提供人性化和便利化的服务。为进一步拓宽为残疾人文化服务渠道和空间，为残疾人提供更加优质的服务，国家图书馆建议实施“依托国家数字图书馆建设成果，建设覆盖全国的残疾人数字图书馆服务体系”。

公益性文化事业作为文化建设的重要内容，是中国特色社会主义事业总体布局的重要组成部分。公益性文化事业的根本任务，是创新公共文化服务方式，建立实用、便捷、高效的公共文化服务网络，实施重大文化工程，拓展公共文化服务领域，保障人民收听收看广播电视、读书看报、进行公共文化鉴赏、参与大众文化活动等基本文化权益。

在全国公共文化服务体系建设中，公共文化建设重点工程取得突破性进展和阶段性成效，覆盖城乡的公共文化服务体系初步形成，迎来了公益性文化事业日益繁荣的崭新局面。2011 年 5 月，文化部、财政部联合印发《关于实施“数字图书馆推广工程”的通知》，决定于“十二五”期间在全国实施数字图书馆推广工程，构建以国家数字图书馆为中心、以各级数字图书馆为节点、覆盖全国的数字图书馆虚拟网，建设分级分布式公共文化资源库群、在全国范围内形成有效的数字资源保障体系，以互联网、移动通信网、广电网为通道，借助各级公共图书馆、公共电子阅览室和手机、数字电视、移动电视等新兴媒体，从整体上提升全国公共图书馆服务能力，向公众提供个性化、多样化、全媒体数字图书馆服务。数字图书馆推广工程的实施，将为残疾人分享公共文化建设成果，实现“全民阅读”、“平等阅读”提供了重要的先决条件。

国家图书馆将依托国家数字图书馆的建设成果，建设覆盖全国的残疾人数字图书馆服务体系，进一步拓宽为残疾人文化服务的渠道和空间，为其提供更加优质的服务。

与此同时，图书馆界也应该积极落实中央关于扶持残疾人信息文化服务建设的政策法规要求，以服务残疾人、服务社会、服务政府决策为需求，搭建起相对完善的残疾人阅读服务体系，以相关基础理论研究为依据，以信息无障碍标准规范体系建设为准则，以共性关键技术为支撑，以核心服务平台为基础，提供完善的数据资源保障，建设完善的应用示范和推广机制，为我国残疾人文化事业的可持续发展注入新鲜活力，推动我国残疾人事业全面快速发展。

总体来说，应该做到：

——以残障人士的需求为出发点，争取为残障人士提供更多普通均等的文化权益。

——普及信息无障碍理念，营造全社会共同关注的信息服务无障碍环境。传播推广先进技术和经验，为图书馆业界改进信息无障碍服务提供咨询帮助。

——参与数字图书馆信息服务无障碍业务活动中的相关标准、规范和准则等的制定，规范本领域内信息服务无障碍技术服务要求。

——丰富无障碍资源建设，加强无障碍技术手段，多角度完善无障碍网上服务平台；集合图书馆的资源优势，谋求最大化的合作发展。

第一节　服务进一步提升的必要性

一、是建设社会主义和谐社会，彰显社会公平与正义的需要

以人为本，关注弱势群体，保障社会公平与正义得到切实维护和实现，是建设社会主义和谐社会的必要条件。依托国家数字图书馆及数字图书馆推广工程建设成果，多角度完善残疾人数字图书馆资源建设平台，丰富资源供给，应用先进技术，完善网络覆盖，创新服务业态，构建全方位、立体式助残文化信息服务体系，是彰显人文关怀、彰显信息公平的重要体现，将极大满足广大残障人士日益增长的精神文化需求，全面提升残疾人士的科学文化素质，为实现社会公正、保证社会稳定、促进社会团结、推动社会和谐发挥重要作用。

二、是综合国力增强的重要体现，残疾人平等参与社会生活的需要

文化是残疾人平等参与社会生活、实现自身价值、追求美好生活的重要途径和基本前提。以互联网这种新的社会交往方式为载体的残疾人数字图书馆建设，对残疾人实施知识援助和提供文化教育，以先进文化引导人，以高尚精神塑造人，以优秀作品鼓舞人，确保残疾人能平等地共享社会文明成果，将改善残障人士与社会隔离的状况，提高知识水平和生存技能，从而促使残疾人有能力、有渠道参与到社会活动中，依法维护自身权利，从而实现个人的全面发展和群体权利的整体提升，保障广大残疾人士平等参与社会生活的权利，促进我国残疾人事业的长足发展。

三、是推动公共文化服务体系建设，保障残疾人基本文化权益的需要

大力发展公益性文化事业，构建公共文化服务体系，提供普遍、均等的公共文化服务是社会主义文化建设的重要内容。建设覆盖全国的残疾人数字图书馆服务体系，利用数字图书馆技术提升信息无障碍服务水平，使以图书馆为主体的各级公共文化服务设施形成合力，依托数字图书馆推广工程构筑覆盖全国市县、覆盖所有传输通道的残疾人文化服务网络，极大地拓展残疾人文化服务范围，拓宽我国残疾人文化服务渠道和空间，切实保障新信息环境下公共文化服务的公益性、基本性、均等性、便利性，为完善残疾人公共文化基础设施，满足残疾人共享公共文化服务的需求，构建覆盖全社会公共文化服务体系提供保障。

四、是创新文化发展体制机制，增强文化发展活力与动力的需要

文化体制改革是文化发展的不竭动力，只有深入推进文化体制改革，才能推动社会主义文化大发展大繁荣。建设覆盖全国的残疾人数字图书馆服务体系，利用现代信息技术打破体制障碍，共建残疾人数字图书馆服务网络，共享残疾人数字图书馆服务资源，着力构建充满活力、富有效率、更加开放，并有利于文化科学发展的体制机制，将残疾人数字图书馆服务体系建设

作为文化创新的阵地，为公共文化服务树立新的理念，为残疾人文化服务创造新的方式，以残疾人士多元化、个性化需求为文化发展的新引擎，为进一步丰富和深化公共文化服务提供模式，为我国文化事业的全面快速可持续发展注入新鲜活力与动力。

五、是推动信息无障碍服务，整体提升残疾人文化服务水平的需要

大力推进信息无障碍事业的发展，整体提升残疾人文化服务水平，是弘扬人道主义精神、保障残疾人合法权益、享受现代文明生活的内在要求，也是缩小数字鸿沟、建立公平信息社会事业的重要部分。以信息无障碍标准规范体系建设为准则，以共性关键技术为支撑，以核心服务平台为基础，提供完善的数据资源保障，建设完善的应用示范和推广机制，构建覆盖全国的残疾人数字图书馆服务体系，将会在全国范围内传播和推广先进技术和经验，普及信息无障碍理念，推动信息无障碍在公共文化共享领域的实践步伐，提升我国图书馆业界服务残疾人读者的业务水平，营造全社会共同关注的信息服务无障碍环境。

第二节　服务拓展的可行性

一、国家重点文化项目的开展为服务体系建设奠定了基础

近年来，文化部和有关部门认真贯彻落实党的十七大精神和《中共中央办公厅、国务院办公厅关于加强公共文化服务体系建设的若干意见》要求，积极策划实施数字图书馆推广工程、全国文化信息资源共享工程、公共电子阅览室建设计划等一系列有影响的国家重大文化项目。初步形成了大型公共文化设施为骨干，以社区和乡镇基层文化设施为基础，覆盖城乡的公共文化设施网络，为覆盖全国的残疾人数字图书馆服务体系的建设实施奠定了良好的基础。覆盖全国的残疾人数字图书馆服务体系建设将立足于已经建成的公共文化设施网络，通过推广使用数字图书馆推广工程各方面建设成果，经由全国范围内建立的文献数字化加工系统平台、联合保存平台、方便易用的文献搜索系统、统一的服务调度平台，以数字资源、数字图书馆技术和服务为核心，提升图书馆公共文化服务残疾人群的能力，使已建的公共文化设施及网络在公共文化服务中发挥更大的作用。

二、面向残疾人的数字图书馆建设为项目实施取得了良好的经验

2008 年开通建设的中国盲人数字图书馆网站，既是国内首个国家级别的视障网络图书馆，也是国内率先依据无障碍化国际标准建成的非残障机构网站，在资源的选择、技术应用、合作模式等多方面开创了先河。2011 年，在文化部国家文化创新工程项目资助下，中国残疾人数字图书馆成功上线，将图书馆广博的数字资源覆盖至全体残疾群体。开通 4 个月以来，中国残疾人数字图书馆网站的访问者遍布澳大利亚、美国、加拿大、西班牙、德国、南非等国。网站具备完整的网络平台架构、先进成熟的无障碍技术、海量雄厚的数字资源储备，为在全国范围推广奠定了良好的发展平台。

三、对于无障碍阅读的共识为项目实施提供了有利的渠道保障

建设覆盖全国的残疾人数字图书馆服务体系是一项系统化的工程，非一日之功，更非一馆

之力，这是国内图书馆界达成的一致共识。2009 年 10 月，中国图书馆学会残疾人阅读专业委员会正式成立，作为国内首个以残疾人士为目标群体的业界指导机构，委员会挑选各地有条件的图书馆设立活动基地，在无障碍讲座推广、图书馆声像信息资源加配字幕、捐赠软件和声像资源等方面大力助残，使助残文化活动常态化。2010 年 7 月，全国图书馆信息服务无障碍联盟成立，汇集全国 44 家省市级公共图书馆之力，研究制定信息无障碍标准，研发无障碍关键技术，提供完善的文化数字资源，探索更多的示范推广领域，积极推动图书馆界进一步深化信息无障碍建设工作。图书馆业界联盟产生的建设合力，将对残疾人数字图书馆的资源整合、技术集成、人员合作产生深远的影响，将以机制建设、基地建设为龙头，以点带面，开展无障碍技术研究，共建无障碍基础信息平台，保障残疾人的可及性阅读。

2011 年 4 月 23 日，在中国残联和国家图书馆的共同努力下，全国残疾人阅读指导委员会正式成立。残疾人阅读指导委员会就是要通过组织残疾人开展广泛深入的读书活动，使他们平等共享公共文化服务，在阅读中获取信息、积累知识、增长技能，有信心、有能力融入社会；同时，也是为了引导残疾人树立爱知识、讲文明的良好风尚，激发残疾人参与社会主义现代化建设的热情和潜能。这是一件非常有意义的事情，也是残疾人文化生活中的一件大事。全国残疾人阅读指导委员会成立后，各地将会相继建立各级残疾人阅读指导委员会，充分发挥阅读指导的作用，组织残疾人开展形式多样的读书活动，认真研究探索服务基层、特别是服务偏远地区残疾人读书需求的有效方法和途径，借助各地图书馆、文化宫、科技馆、中国残疾人服务网、中国盲人数字图书馆等公共文化资源，形成全国性的残疾人读书服务网络，为残疾人提供方便、及时、有效的阅读服务。

四、丰富的残疾人数字图书馆服务经验为项目实施提供了坚实的技术支撑

依托残疾人数字图书馆建设，图书馆界不断延展服务渠道，策划举办了首场专为聋人加配现场文字录入的公益性讲座，针对残疾人举办数字图书馆使用专场培训，开启“心目影院”等无障碍主题活动，将平台建设与现场公益互动相结合，收到了残疾读者的热切响应，同时积累了可贵的无障碍服务经验。残疾人数字图书馆建设者面向各级残联、公共图书馆、特教学院等用户群体，从不同角度倾听大家对残疾人数字图书馆的资源建设、提供模式及使用情况的意见建议，通过走近残疾人，倾听到残疾人真实的使用需求。

随着残疾人数字图书馆近几年的发展，业界研究人员积累了第一手的无障碍技术知识，从网站后台发布、模板设置，到内容组织、技术手段应用，熟悉网站无障碍建设的整个生命周期活动。在与残疾读者进行的多次测试与调研中，建设者熟悉其使用习惯，了解其对图书馆服务的要求所在，在今后开展相关工作中会运用得更加得心应手。

第三节　建设目标和原则

一、建设目标

覆盖全国的残疾人数字图书馆服务体系旨在保障残疾人能够公平、公正、公开地获取知识和公共文化服务，切实改善残疾人文化生活状况，提升残疾人的满足感和幸福度。打造以国家数字图书馆为中心、以省市县级公共图书馆为节点，覆盖全国的残疾人数字图书馆，秉承“建设

符合残疾人个性化需求的数字图书馆”原则，切实保障公共文化服务的公益性、基本性、均等性和便利性，最大限度地发挥数字图书馆在文化建设中引导社会、教育人民和推动发展的功能。

在基础设施方面，建设覆盖全国县级以上图书馆以及大型社区的盲人阅览室（角），使我国盲人拥有阅览室（角）的数量得到大幅提升，处于世界领先地位。

在数字资源建设方面，构建内容丰富、形式多样、无障碍的分级分布式残疾人公共文化服务数字资源保障体系。到“十二五”末，电子图书达到20万种，全文识别图书2万种，电子期刊200种，电子报纸50种，有声读物5000种，音频资源10万首曲目，视频资源1.5万部集，多媒体资源5000种。

在网络体系建设方面，依托数字图书馆虚拟网络基本形成覆盖全国省、市、县的，跨行业、跨地区的残疾人数字图书馆网络服务体系。

在信息服务提供方面，为广大残疾人提供丰富灵活、类型多样的数字图书馆服务，使图书馆服务的覆盖范围由图书馆物理空间扩展到互联网、手机、电视等新媒体终端，为不同类型的残疾人提供切实符合其需要的个性化服务，从而改善残疾人文化生活状况。

二、建设原则

1. 以人为本、服务至上

坚持以人为本的服务理念。图书馆作为社会文化教育机构，对于满足残疾人的文化需求具有独特而又重要的作用。覆盖全国的残疾人数字图书馆服务体系将结合为残疾人提供的资源和服务需求特点，不断拓展适应残疾人需求的个性化资源和服务，能够让盲人“看见”，让聋人“听见”，让肢残人“走近”，从而切实改善残疾人的文化生活状况。

2. 丰富资源、革新技术

覆盖全国的残疾人数字图书馆服务体系充分满足广大残疾人士获取知识、文化交流和休闲娱乐等方面的需求。随着新技术的不断发展，还必须不断更新理念，积极创新，开创数字图书馆新业态，用全新的思路、全新的高度、全新的策略、全新的手段整体提升残疾人公共文化服务水平，实现跨越式发展。注重跟踪国际最新的信息无障碍理念和技术发展的趋势，坚持改革创新，加大残疾人专用信息化产品的开发应用，并将成果逐步面向业内进行应用和推广，加快残疾人数字图书馆建设推广步伐。

3. 立足需求、开拓创新

始终贯彻“以用户为中心”的服务理念，坚持内容多元化、形式多样化原则，兼顾各种残疾人的不同需求，通过用户调研等手段获取真实精准的需求信息，以此为基础，按照“边建设边服务”的原则，遴选切实契合用户需求的资源类型和内容。

4. 保障公平、繁荣文化

面向残疾人的数字图书馆服务，今后将在推进公益性文化事业、构建公共文化服务体系的思想指导下开展，只有坚持公益，才能够促进社会和谐，保证社会公平正义，才能够保障残疾人获取公共文化服务的基本性和便利性。这不仅是惠及全体残疾人的善举，更有利于社会整体平等和谐氛围的培养，有助于公平正义社会的创建。最终把残疾人数字图书馆建设成残疾人学习科学知识、陶冶情操的精神家园，从而进一步完善残疾人公共文化服务体系，推动残疾人文化事业大发展大繁荣。

第四节　长期建设规划与近期工作进程

依托数字图书馆推广工程的资源、技术和网络优势，以信息无障碍为准则，以共性关键技术为支撑，以核心服务平台为基础，提供完善的数据资源保障，建设完善的应用示范和推广机制，构建面向残疾人的覆盖全国的全方位、立体式助残文化信息服务体系。

一、建设规划

1. 建设符合通用标准的信息无障碍数据规范和技术指南

规范数字图书馆领域信息无障碍技术，建设符合通用标准的数字图书馆信息无障碍技术指南，加强对全国图书馆界无障碍标准化服务的指导和示范。

2. 建设覆盖全国县级以上图书馆以及大型社区的盲人阅览室（角）

盲人电子阅览室采取边建设边完善原则，先期投入部分经费进行软硬件设施及设备购置，视到馆残疾人需求和实际利用情况，进行逐步完善和扩充。盲人阅览室（角）的建设将极大满足盲人利用图书馆的需求，尤其是社区盲人阅览室（角）的建设是公共文化服务体系的重要基础性设施，将成为盲人学习知识、陶冶情操的精神家园，让知识的阳光照亮广大盲人群众的心灵。提供包括读屏软件、盲用点显器、盲用扫描棒、盲文打印机等电子辅助设备，帮助残疾人特别是盲人进行无障碍数字阅读。

3. 建立可用于残疾人专用数字资源的无障碍技术处理系统

整合吸收国际前沿无障碍信息化技术，依托数字图书馆推广工程丰富的数字资源，开发可将其转换为残疾人可用资源的无障碍技术处理系统，提升残疾人专用数字资源的加工能力，加快文献数字化、音频文本化等与残疾人服务相关技术成果的转化速度，推动残疾人数字图书馆的基础馆藏建设。

4. 完善残疾人数字图书馆资源建设平台，实现文化资源共建共享

依据残疾人不同的生理特点开展多载体文献数字资源建设，针对残疾人的知识需求特点进行重点门类的文献数字资源建设，针对残疾人的信息交流特点进行特色网络资源建设，加大适合各类残疾人使用的数字资源自建力度，提供多元形式的数据媒体，开发和完善无障碍网络信息资源平台。

5. 建设无障碍信息网络服务平台，构建适合残疾人的服务模式

加强跨行业、跨区域、跨部门合作，建设符合残疾人需求的专业性、专题性信息服务平台，整合全国图书馆参考咨询服务力量，提供语音、音频加载文字提示等无障碍服务，为不同知识水平、不同生理状况的残疾人用户提供深层次、个性化、专业化信息与知识服务。

6. 打造基于新媒体的残疾人公共文化服务平台

依托国家三网融合的大背景，利用互联网、移动通信网和广电网，通过服务模式创新、新技术与新媒体应用、系统平台搭建与推广等方式，建设基于互联网的残疾人数字图书馆综合服务系统、覆盖全国移动通信网的移动残疾人数字图书馆以及基于广电网络的数字电视服务，形成覆盖全国、全媒体和分级分布的残疾人公共文化信息服务平台，根据残疾用户的不同需求提供个性化、多样化、随时随地的残疾人数字图书馆服务，会极大地改善残障人士群体获取知识不

便的困境，扩大数字图书馆服务的范围和影响力。

7. 建设残疾人国际文化交流平台，增强中华文化的国际影响力

借助数字图书馆推广工程国际交流平台，积极开展国际间残疾人数字图书馆项目交流与合作，使中华优秀文化以残疾人可接受的方式展现于世界数字图书馆的舞台，为我国乃至全世界的广大残疾人士提供最大程度的知识信息推送及个性化服务，为他们平等、均等地享受基本文化权益插上腾飞的翅膀。

8. 开展残疾人数字图书馆建设与服务的培训

以提升图书馆馆员整体的科技素质和服务素质为重点，有步骤地分批开展残疾人数字图书馆理论培训、业务培训、应用培训、科技培训和服务培训，培养一批现代化、科技化、职业化的专业人才，提升图书馆服务能力与服务质量，推动残疾人数字图书馆事业的率先繁荣发展。

二、近期重点进程

根据残疾人对数字图书馆服务的实际需求，初步制定了重点实施进程，包含基础构建、全面推广和服务提升三个阶段。

基础构建阶段：选择条件成熟的省级图书馆建立示范区。以国家数字图书馆为中心，向各省级示范区输送资源，同时依托各省级数字化加工中心，进行残疾人资源的加工和无障碍处理，实现全国和区域资源的协作与共享。

全面推广阶段：使各省级示范区将资源域服务扩展至市、县一级。力争完成全国 32 个省市（含新疆生产建设兵团）、地级市（自治州、盟、区等）、县（市辖区、自治县等）各级基层残疾人数字图书馆服务体系建设，并将服务延伸到社区。同时汇聚并整合全国各级图书馆无障碍建设资源，通过中国残疾人数字图书馆和中国盲人数字图书馆网站，进行基于互联网的资源发布和服务，为全国残疾人提供基于统一认证的数字图书馆服务。开通基于移动通信网和广播电视网络的服务，在全国广大地区实现基于三网的数字资源覆盖，使广大残疾人能平等享受到公共文化服务的便利。

服务提升阶段：在巩固并扩大项目辐射范围同时，持续增大资源建设步伐和服务方式，加大对新媒体服务的推广力度，在资源建设、全文识别、无障碍改造、专用设备配备等方面，不断创新与拓展，利用多种新媒体形式和手段提升整体服务质量和效果。

具体实施内容包括：

1. 多角度完善残疾人数字图书馆资源建设平台，构建全方位、立体式助残文化信息服务

关注残障人士的需求，分别面向残疾社团、特教学校、残疾读者以及从事残疾人阅读服务的一线图书馆员等，开展读者需求调研，为残疾人阅读服务提供科学依据。

在图书馆采购政策上向残疾人倾斜，大力采购、制作和发布残疾人阅读资源；优化栏目设置，添加残疾读者感兴趣的数字资源类型；革除不适应残障读者的网站设计，加强无障碍化程度。

2. 以云服务为理念，以基地建设为龙头，充分发挥省级图书馆无障碍信息服务的整合优势

基于云服务理念，采用分层建设、共建共享模式，探索资源无障碍加工、整合、保存、服务等全流程的工作方式，实现资源一次整合多种媒体展示，为残疾人方便快捷获取信息服务提供有效的保障。

在建设的模式上：信息资源的海量特征决定了我们在加工、整合与服务上绝不是一家图书

馆能够实现的,必须要以共建共享的方式来建设。因此,残疾人数字图书馆今后将考虑以分级分层的方式进行建设,国家图书馆负责主站的维护与管理,各省级图书馆负责省市级资源的加工、发布和管理,市级图书馆负责各市区县资源的加工、发布和管理。

在整体架构方面:可以采用软硬件环境由国家图书馆统一搭建的方式,各级图书馆不需要单独投入,直接登录到项目管理平台即可开展相关的工作。

在资源保存方面:主要采用统一存储、集中管理方式,由国家图书馆负责资源的长期保存与管理,各个分站可以直接调用各自的资源,如分站需要也可以在分站保存各自的资源。

在工作方式上:开展针对残疾人的资源加工、资源无障碍处理、资源整合、网页无障碍改造、内容管理系统无障碍化、数据长期保存与服务等方面的研究,从而探索数字资源生命周期的全流程服务模式。以满足用户需求为基本职能,利用统一的元数据标准,对信息资源的内容、外部特征及其关联关系进行充分组织、挖掘和揭示,将不同来源、格式和版本的信息资源进行有序整合后,构建一个方便、快捷的中国残疾人数字图书馆门户网站,使用户在一个窗口、一个检索界面就可以一站式地发现并获取全方位的信息资源及相关服务。

加大全国图书馆信息服务无障碍建设,选取有条件的图书馆馆建立活动基地,以基地为试点,推进残疾人数字图书馆先进服务理念,以点带面,在全国范围内逐步推开,探索为残疾人士提供文化服务的新路径。

3. 开发基于手机、电视、手持阅读器等终端的新型服务方式,优化并丰富现有资源提供方式

伴随着新媒体技术的蓬勃兴起,数字电视、网络电视、平板电脑、手持阅读器、智能手机等新媒体终端设备已渗透到社会生活的各个层面,在人们工作、生活以及信息交流等领域引领了一次深刻变革,也给图书馆通过纸质文献及互联网提供信息服务的方式带来新的机遇和挑战。新媒体时代图书馆业务的持续发展,关键在于以新技术的发展为契机创新服务手段、拓展服务领域,将现有图书馆服务方式延伸到新媒体的广阔空间中去。

国内外图书馆界对于新兴媒体技术的研究始于 21 世纪初期,并在很短的时间内完成了从理论到实践的转变。2003 年,马里兰大学图书馆提出将“泛在图书馆”作为图书馆建设的新导向,使图书馆信息服务与嵌入到用户生活环境中的各种通讯设备无缝对接,实现用户随时随地获取图书馆信息的即时、动态的服务模式。

残疾人由于生理特殊性及物理空间、经济条件等局限,对于随时随地获取信息的需求更为强烈。将“泛在图书馆”理念引入面向残疾人的信息服务,不仅是对现有服务内容与方式的完善,还能够为残疾人信息服务的长远发展及开放兼容提供良好的环境条件。韩国釜山盲人图书馆即使用包括 NFC 技术和蓝牙技术在内的泛在技术实现了盲人和肢体残疾人士的网上图书借阅与信息检索服务[1]。中国残疾人数字图书馆应该以基于互联网的网站服务为基石,同时不断拓宽服务领域,开发新媒体服务渠道,将面向残疾人的信息文化服务推广到更广阔的平台。通过对不同形式新媒体终端的研究,探索适合残疾人信息服务的新模式,实现信息服务多渠道合一,为残疾人获取知识信息开辟更多途径,促进面向残疾人的图书馆文化服务新业态的形成。

(1)数字电视服务

数字电视服务作为信息化社会的有机组成部分,近年来已取得长足发展。国家广播电影电视总局宣布,我国计划 2010 年在全国范围内实现数字广播电视,2015 年停止模拟电视的播

出[2]。届时,包括残疾人用户在内的数字电视用户数量将达到空前规模,数字电视将成为文化信息服务最重要的方式之一。从用户角度出发,基于遥控器的操作方式也比计算机键盘更为简洁,易于掌握,可有效降低残疾人用户使用成本。残疾人信息服务向数字电视网络的延伸,对于拓宽信息服务辐射范围,提升影响力,将更多用户纳入服务体系具有积极作用。

数字电视采用双向信息传输技术,将传统电视节目的单向传播方式转变为双向交互式传播,允许用户根据自身需求进行网络点播、信息输入等个性化活动。交互式功能的注入真正使广播电视系统成为行之有效的信息交流传输平台,也为面向残疾人的信息服务方式向数字电视领域的拓展提供了可能。

2008 年,国家图书馆依托科技部"数字媒体内容支撑技术平台"小组的研究,与北京歌华有线电视网络公司合作,开创了基于交互式数字电视系统的图书馆服务创新实践——"国图空间"。2009 年 4 月,第一期标清节目正式亮相北京。2009 年 9 月,高清节目全面铺开。截至2012 年中旬,"国图空间"发布视频资源累计超过 600 小时,信息数据超过25 000条。"国图空间"以内容的多元化、个性化与互动性,深受媒体、业界和观众的关注,取得了很好的收视成绩。"国图空间"的建设成果有力证明了受众对图书馆数字电视服务方式的认可,为残疾人信息服务迈向数字电视领域提供平台支撑和经验支持。

面向残疾人的数字电视服务,应充分利用已有在建平台,依据数字电视节目制作要求及标准对中国残疾人数字图书馆现有信息资源进行整合、重组和再加工,并扩充适用于电视屏幕的资源类型,如视频资源等,将残疾人信息服务纳入国家图书馆数字电视服务的整体框架。同时,基于用户群体的特殊性要求,中国残疾人数字图书馆的数字电视服务,应具备下述特性:

①残疾人用户身份认证系统

身份认证是保护版权的必要手段,同时也是提供具有针对性的异质化服务的依据。目前有两种可供探讨的认证方式:一是以数字电视网络的交互式功能为依托,残疾人用户可通过遥控器按键输入残疾证号进行注册或身份验证;二是在用户申领数字电视机顶盒时,为有残疾人的家庭进行事先认证,默认该家庭为中国残疾人数字图书馆数字电视用户。

②清晰简洁的界面设计

电视界面要求简单明了,分区合理,摒弃不适合残疾人使用的复杂界面结构和操作步骤,确保残疾人用户通过遥控器的方向键、确认键等少量功能按键即可到达所有区域,畅通使用所提供的全部资源,并尽量减少使用过程中的操作次数。

③异质化无障碍服务

所有操作均添加语音提示。视频内容配备可识别的字幕,图片配备必要文字说明。电子书全文语音朗读,可通过遥控器按键实现上下翻页、插入书签等功能。从残疾人用户切实需求出发,有针对性地提供异质化资源,如职业教育、心理辅导、医学保健类相关内容。

(2)移动阅读服务

阅读是人类获取知识信息和提升自我的有效途径,也是人类社会不断发展的前提。21 世纪的科技进步,尤其是移动通信技术的日益成熟为人们的阅读方式带来翻天覆地的变化,移动阅读悄然兴起。移动阅读是指人们利用手机、平板电脑或专用手持阅读器等新媒体终端,随时随地、边走边读的阅读现象。目前移动阅读主要有两种方式:一是通过手机登录 WAP 网站或在手机上下载客户端;二是以提供类似纸质阅读的手持阅读器为载体,随时随地阅读[3]。作为新兴的阅读方式,移动阅读兼具传统纸质文献的书写和互联网的交互功能,加之移动、即时的新特点,迅速赢得数量众多的拥护者。

移动阅读大容量、便携、经济、针对性强等特征,对于改善残疾人囿于生理信息获取的困境,具有显而易见的积极意义。然而,目前从理论研究和实际应用两个层面来看,专门面向残疾人的移动阅读服务尚未引起足够重视,相关研究尚处于起步阶段,适合残疾人使用的移动阅读设备数量还不多,新技术在为普通受众带来便利阅读的同时却忽视了残障群体的需求。基于此,本章节对于移动阅读的研究,旨在探索以新媒体终端为载体的图书馆无障碍信息服务模式,整合移动阅读技术与图书馆资源,通过方便快捷的渠道将图书馆最有价值的资源推送给残障用户,满足他们随时随地获取信息的需求。

我国是全球使用手机人数最多的国家。据《工业和信息化部通报 2010 年 2 季度通信业主要完成情况》报告显示,截至 2010 年 6 月,我国手机用户已突破 8 亿户[4]。另据《中国手机阅读市场用户调研报告 2010》称,手机阅读已成为移动互联网用户使用频率较高的应用之一,每天阅读一次及以上的用户比例达到 45%[5]。广泛的普及率和较高的使用率充分表明手机已经成为除报纸、电台、电视、互联网以外的第五媒体。手机作为最方便快捷的终端,具有阅读便捷,不受时空限制的特点。它比电脑更普及,比报纸更互动,比电视更便携,而且可以显示声音、图像等多媒体[6],因此,手机在移动阅读领域将具有广阔的发展前景。

目前,国内已经有包括国家图书馆、上海图书馆、深圳图书馆在内的部分公共图书馆和包括北京理工大学图书馆、重庆大学图书馆在内的一些高校图书馆开始提供基于手机的图书馆服务。初期服务方式比较单一,以依托于短信平台的到期提醒、续借、预约、挂失等事务性服务为主,传送内容和服务类型局限性较大。经过几年的发展,图书馆手机服务框架已相对完善和成熟。以国家图书馆为例,在短信服务的基础上,开通了以智能手机为载体的移动数图、手机阅读服务,采用先进的移动快讯技术,将实时信息推送服务和用户自主选择相结合,为读者提供便捷、及时、个性化的新型服务。读者在自己的手机上安装国家图书馆提供的客户端软件,即可根据个人喜好订阅信息频道,享用书刊阅读、订阅下载、资源检索等优质服务。

近年来,专门为视障群体研制的盲用手机也越来越被市场所重视,诺基亚、摩托罗拉、三星、多普达等手机厂商都推出了支持读屏软件的专业盲用手机,为图书馆借助手机拓展残疾人信息文化服务提供了必要的硬件支撑。

残障用户信息获取的不便,使其信息需求较之普通公众更为强烈。由于生活环境、生理状况、职业教育等方面的特殊性,残疾人用户的部分信息需求有别于普通公众,其独特性、多样性信息需求的满足有赖于图书馆浩瀚的资源储备;从服务方式的角度,图书馆先期开展的手机服务具有宝贵的借鉴意义,残疾人信息服务向手机平台的拓展应以先期服务平台为基础,摒弃不适合残疾人使用的服务形式和方法,扩充适用于残障用户的资源和服务。

就我国整体状况而言,残疾人家庭经济基础相对较为薄弱,因此面向残疾人的信息服务应以经济性、公益性为原则。目前,图书馆所提供的手机信息服务基本以免费的方式进行;运营商所收取的上网费用也不断下调,为残疾人充分使用图书馆手机服务提供可能。

①结合无障碍技术,提供专业化服务

建设以文本信息为主,适用于读屏软件的 WAP 网站,要求分区简单、模块清楚,所有内容均可通过语音读屏获取。

②强化互动性,畅通用户意见反馈渠道

允许用户以发送短信的方式向图书馆建设者反馈信息。鉴于残障用户信息需求的特殊性，及时的用户意见反馈是丰富服务内容、完善服务方式、提高服务质量的重要依据。

③线上线下服务相结合，彰显人性化

在虚拟咨询、到期提醒、续借、预约等基础性图书馆手机服务之外，为行动不便的残障用户提供上门取、送书服务。

④定制服务，突出个性化

根据残障用户多样性的信息需求有针对性地进行信息推荐、服务推送，促使面向残疾人的信息服务向纵深发展。如针对视障用户提供文本和音频资源，针对听障用户推送文本和添加字幕的视频。

(3)手持阅读器服务

手持阅读器是近年来异军突起的新媒体终端，主要用于电子书的阅读。目前，市场上的手持阅读器主要分为两个流派：一派为传统的液晶显示，另一派为 E－ink 电子纸阅读器。液晶显示必须配备背光灯管，显示效果刺眼且续航能力弱，不适合长时间阅读；E－ink 电子纸阅读器以接近传统书籍的显示效果为特色，使用者舒适度较高且具备强大的续航能力，适合长时间深度阅读[7]。手持阅读器作为移动阅读领域的重要终端，受到市场的积极追捧，成为移动阅读迅速发展的有力推手。国内很多图书馆也纷纷推出基于手持阅读器的服务：国家图书馆与方正 Apabi 合作引进了手持阅读器，用于馆内“方正电子书”平台的扩展阅读，同期推出的还有手持阅读器的外借服务。2010 年 12 月，首都图书馆推出了电子书阅读器外借服务。读者持北京市公共图书馆“一卡通”即可外借阅读器，实现随身移动阅读。

图书馆的手持阅读器服务方兴未艾，而适用于残疾人用户尤其是视障用户的手持阅读器研发还处于萌芽状态。为进一步拓展残疾人信息服务空间，使新兴技术和设备在服务均等化领域发挥重要作用，本课题组研究人员会同残联官员、汉王科技技术专家就手持阅读器向残疾人信息服务领域的延伸进行探讨，结合试用盲文出版社所研制的第一代盲用手持阅读器，对适用于残障用户的手持阅读器设备特征和服务方式作出以下探索：

①加强文献数字化建设，丰富可用资源

丰富的数字资源是移动阅读不断发展的根本前提和基础保障。当前，国内手持阅读器厂商推出的产品基本配备预装资源，并通过自建在线书城为用户提供即时下载。以汉王为例，汉王书库目前拥有电子书、报纸、杂志等多种资源，合计 10 万册左右，其中大部分资源提供免费下载。然而，厂商所提供的内容往往系统性、权威性、稳定性较差，不足以支撑优质的信息服务。图书馆大量的专业文献、学术著作、精品典籍、馆藏特色资源等是手持阅读器服务可持续发展的必要保证，因此，图书馆应不断加强文献数字化建设，在用户调研的基础上不断扩充个性化资源数量，最大程度的丰富手持阅读器可用资源。

②采取版权保护措施，维护著作人权益

采用封闭式系统和硬件加密技术的防盗版措施，通过下载时输入机器序列号的方式，使用户从图书馆或出版商处获取的资源只能用于特定的手持阅读器，而不能复制到其他终端。通过机器序列号和二代残疾证号的结合使用，可下载中国残疾人数字图书馆的资源。

③搭载无障碍技术，确保无障碍使用

语音功能：操作系统和资源内容都应实现“发声”，且具备多档位语速调节功能。

简易操作：设置简单快捷键，实现全系统快捷键操作，且每个按键上均需有凸出的盲文触点，便于盲人操作。

字体缩放和配色调节：操作系统和内容字体均可缩放，提供可选择的多种屏幕配色方案，以方便弱视、色弱用户使用。

搭载摄像头或扫描设备，具备图像转换功能：可以对纸质文本进行拍摄或扫描，并将所得图片转换为文本形式进行存储，实现语音阅读。

④降低成本，推出经济型产品

目前市场上的手持阅读器设备，尤其是基于 E－ink 的手持阅读器普遍价格较高，在研发过程中应摒弃不适用于残障用户的附加功能，提高新技术、经济型材料的利用，以降低成本，推出契合残疾人用户家庭承受力的经济型产品，使基于手持阅读器的残疾人信息服务真正落到实处。

4. 寻求多方支持，营造政府主导、业界推进、全社会共同关注、可持续发展的无障碍公共文化服务环境

响应文化部《关于积极开展信息服务无障碍工作通知》的要求，号召广大图书馆和各级残联积极响应，为残疾人获得信息资源服务，切实发挥宣传协调作用。

5. 加快技术创新进程，从理论研究和应用层面展开深入探究

注重跟踪国际最新的信息无障碍理念和技术发展的趋势，会同中残联等合作单位，就无障碍服务关键技术展开研究；结合国家文化创新工程项目课题，以科研促实践，产学结合。

6. 注重示范项目推广，扩大社会影响

从个性化定制、使用舒适度等角度优化现有资源提供方式，开辟新型存取方式，开展无障碍技术培训。实施网站服务落地化管理，将远程服务向现实延伸，采取聋人专场讲座、盲人听电影、为聋人提供手语翻译或书面文字交流援助等形式，探索多样化公益文化行动，如针对存在认知障碍人群，配备智能沟通认知训练仪，运用触摸屏电脑软件整合多媒体素材库与真人语音，将沟通认知训练系统的概念充分应用在便携式平台上。与各地残联、特殊教育学校、新闻媒体密切配合，探索形式多样的助残文化公益活动，将宣传模式固定化，使其常态化、持续化推进，作为中国残疾人数字图书馆的精品品牌。

7. 国内外交流与合作

活跃学术思想，组织学术研究和开展国内外学术交流活动，加强同国际学术界的联系与合作；发动联盟内部活跃力量，丰富中国残疾人数字图书馆平台资源。

第五节　需统筹解决的事项

构建面向残疾人的公共文化服务体系，是建设和谐社会、发展残疾人事业的内在要求，也是我国经济社会发展和社会文明程度的标志。为了更好地加快残疾人数字图书馆的建设，将需要统筹协调解决以下问题：

1. 加强领导，建议成立面向残障人数字图书馆建设与服务的领导小组，统筹协调残联、财政、科技、民政、文化等政府多部门，加强多层级的紧密协调与配合。

2. 依托国家数字图书馆，联合全国给图书馆尽快建设面向盲人的数字图书馆服务体系。依托基层图书馆、社区开展面向盲人的数字图书馆服务，促进相关科研成果的转化与应用。

3. 完善经费保障机制。依托各级公共图书馆及城乡社区设立盲人阅览室，配置盲文图书

及有关阅读设备,做好盲人阅读服务。着重资助中西部地区设区的市、县两级公共图书馆盲人阅览室建设。

4. 加大对图书馆研发无障碍服务专项任务的扶持力度,包括国家科技支撑计划、自然科学基金、社会科学基金等,推动残疾人事业领域的科技创新、政策理论研究和科技应用,完善信息无障碍技术的相关标准和规范的建设。

5. 扶持盲人信息化产品研发、生产和应用。扶持各种音像制品、网络视频和学习课件加配字幕。扶持信息无障碍辅助产品的研发和应用,打破各个软件和工具间的技术壁垒,实现无缝接口。

参考文献

[1]陈清文,黄田青. 泛在图书馆初探[J]. 图书馆工作与研究,2008(8).

[2]广播影视科技"十五"计划和2010年远景规划[EB/OL]. [2011-05-08]. http://news.xinhuanet.com/zhengfu/2001-11/13/content_113535.htm.

[3]甘平. 移动阅读与图书馆延伸服务研究[J]. 学理论,2011(8).

[4]中国政府网工业和信息化部通报2季度通信业主要指标完成情况[EB/OL]. [2010-07-08]. http://stock.sohu.com/2010-0722/n27368/959.shtml.

[5]移动阅读[EB/OL]. [2010-08-08]. http://baike.baidu.com/view/1634430.htm?fr=alo_1_1.

[6]关燕云. 手机图书馆:开拓公共图书馆服务新领域[J]. 新闻爱好者,2007(7).

[7]若水. 掌上阅读新方式——电子书[J]. 科学24小时,2010(5).

第七章　结语

图书馆是人类获取知识的宝库,其服务对象是全人类。残疾人作为社会历史进程中一个特殊的弱势群体,由于生理及环境障碍,经常面临信息获取不便的困境。自19世纪以来,世界各国图书馆先后开展内容丰富、形式多样的信息无障碍服务,专门为残疾人建设的图书馆或图书室陆续涌现。我国图书馆界为残疾人提供真正意义上的无障碍服务始于20世纪50年代,与世界发达国家相比,服务力度和广度一直相对落后。

近年来,随着我国经济社会不断发展,残疾人的物质生活水平得到显著提高,如何为残疾人提供更为完善的公共文化服务,保障其平等获取知识信息的基本权益,确保文化发展的成果惠及全民,成为党和政府所关注的焦点问题。《"十二五"规划纲要》明确指出,要"注重满足残疾人等特殊人群的公共文化服务需求,建立健全公共文化服务体系";国务院《中国残疾人事业"十二五"发展纲要》的出台,李长春同志的讲话都表明党和政府推动残疾人文化事业大发展大繁荣的决心。公共图书馆作为保障信息公平的前沿阵地和社会主义公共文化体系建设的骨干力量,应当牢牢抓住这一历史契机,积极推进残疾人文化服务建设。

就图书馆服务而言,为残疾人的知识获取提供便利主要有两种类型:一是物质环境的无障碍,如增设坡道、盲道、专用电梯及方便按钮、设置音响信号装置等。二是信息和交流的无障碍,主要是指盲文读物、盲文计算机、影视字幕、网络服务等。数字化信息时代,对残疾人的生存发展来说,信息无障碍较之物质环境的无障碍具有更加重要的意义。残疾人通过网络获取信息和交流的渴望较之常人更为强烈,却因种种障碍导致他们的愿望无法得以实现。如果他们不能凭借不断发展的信息技术突破信息屏障,消除数字鸿沟,就会被无所不在的信息屏障彻底隔绝于数字化时代之外,被进一步弱化、边缘化,陷入更为严峻的生存困境之中。帮助残疾人提高个体发展能力,保障其公平获取信息的权利,是图书馆作为公共文化知识中心不可推卸的职责。

数字图书馆建设蓬勃发展,为图书馆资源输送方式和服务模式带来革命性创新,也为残疾人文化服务提供了新的切入点。本书从数字图书馆基本概念入手,梳理国内外相关研究成果及代表性观点,结合数字化信息时代残疾人文化服务所呈现的新特点、面临的新挑战,提出在信息无障碍背景下对残疾人数字图书馆的创新性理解,为后续研究奠定理论基石;以文献调研和业界交流为基础,全面把握国内外面向残疾人的图书馆服务理论研究和实践现状,对其中反映出的问题进行深入探讨,积极吸收总结经验及教训,探索出信息化背景下为残疾人提供知识文化服务的有效途径——建设面向残疾人的数字图书馆,从资源组织、栏目规划、技术应用角度充分考虑残障用户需求,弥合残障用户生理不便带来的信息鸿沟,同时通过用户认证、版权保护、形成技术规范等措施,为残疾人数字图书馆的可持续发展提供可靠保障;深入分析新媒体技术条件下残疾人文化服务的发展契机,通过对不同形式新媒体终端的研究,探索适合残疾人信息服务的新模式,创新服务形式,拓宽服务领域,实现信息服务多渠道合一,为残疾人获取知识信息开辟更多途径,推动图书馆被动提供信息资源的传统服务方式转变为主动推送资源与服务,促进面向残疾人的图书馆文化服务新业态的形成。

为残疾人服务的水平不仅是衡量图书馆服务工作水平的标准,也是衡量社会文明程度的重要标志之一,更是建设和谐社会的重要内容。图书馆作为社会知识传播中心承担着提供知识服务的重要职责,是社会实现信息公平的制度保障,有责任利用有效的方式和渠道使残疾人平等地获取知识。包括残疾人在内的信息获取弱势群体,通过图书馆服务来获得所需要的信息,是对图书馆维护公民知识自由权利的核心价值的直接体现,是满足残障人士知识需求、提高其自身素质及社会地位的有效途径,是彰显社会公平正义、促进社会主义文化大发展大繁荣的有力举措,是社会主义和谐社会建设的重要一环,具有道义上的绝对价值和深远的现实意义。

本书虽到成书之际,但面向残障人士的数字图书馆服务研究还有待继续加强和完善,各级各类文化服务机构都应该为残疾人提供更为完善和便捷的服务,构建覆盖全国的残疾人数字图书馆服务体系,大力扩充无障碍数字馆藏,全面提升为残疾读者服务的文献保障水平和信息服务能力,积极推进无障碍服务理念的形成和深化,联合社会各界形成规模效益,携起手来为残疾人平等获取文化信息共创良好的社会环境。

附录一　中国残疾人数字图书馆读者需求调查问卷

尊敬的读者，您好！

保障残障人士文化权利，推进无障碍阅读环境建设是图书馆界义不容辞的工作。作为发展和谐社会的一项重要内容，其目标就是要使全社会所有的人，包括残障人士、老年人和儿童，在信息获取和使用上享有均等机会。本次调查，将了解以网络为代表的新媒体阅读方式在读者间产生的影响，继而更好地提供全面深入的阅读服务。感谢您的参与！

1. 您的学历：

(1)高中及以下　(2)专科　(3)本科　(4)硕士　(5)博士及博士后

2. 您的职业背景：

(1)学生　(2)专业技术或科研人员　(3)军人　(4)国家公务员　(5)医护人员　(6)文化教育从业人员　(7)商业人员　(8)离退休　(9)自由职业　(10)其他，请说明

3. 您每天上网浏览的时间约为：

(1)1小时以下　(2)1—3个小时　(3)3—5个小时　(4)5—8个小时　(5)8小时以上

4. 您一般浏览哪种类型的网站(多选)：

(1)门户网站　(2)搜索引擎　(3)读书频道　(4)图书馆网站

(5)社交网站　(6)其他，请说明

5. 您认为传统读书频道有哪些需要改进的地方(多选)：

(1)资源量　(2)　资源广度　(3)检索功能　(4)更新速度

(5)其他，请说明

6. 您认为面向残疾人的到馆服务有哪些需要改进的地方(多选)：

(1)无障碍硬件服务环境　(2)无障碍服务质量　(3)无障碍形式　(4)无障碍信息资源

(5)其他，请说明

7. 您希望使用的信息无障碍形式有哪些(多选)：

(1)网站　(2)手机(3)　数字电视　(4)手持阅读器　(5)触摸屏

(6)新型残障阅读器　(7)其他，请说明

8. 您喜爱的无障碍数字资源类型有哪些(多选)：

(1)新闻资讯　(2)电子图书　(3)电子期刊、论文　(4)讲座展览

(5)图书馆特色资源(如古籍等)　(6)少儿资源　(7)有声读物

(8)其他，请说明

9. 您喜爱的电子书类别有哪些(多选)：

(1)管理类　　(2)文学艺术类　(3)军事历史类　(4)医学保健类

(5)社科人文类　(6)其他，请说明

10. 您希望我们能够提供的其他资源类型(多选)：

(1)电子期刊和论文　(2)新闻资讯　(3)相声书评　(4)其他,请说明

11. 您感兴趣的新闻资讯类型是(多选):

(1)书评类　(2)新书介绍　(3)残障相关新闻　(4)其他,请说明

12. 您喜爱的读书活动形式有哪些(多选):

(1)名家在线讲座　(2)读书会沙龙　(3)经典读书诵读会

(4)"听"电影　(5)好书榜单评选　(6)其他,请说明

13. 您希望无障碍网站提供哪些个性化设置功能(多选):

(1)读者投票　(2)书评　(3)其他,请说明

14. 请留下您对改进无障碍数字阅读的意见和建议:

15. 请留下您对中国残疾人数字图书馆建设的意见和要求:

附录二　中国残疾人数字图书馆调查问卷

尊敬的残联领导,您好!

保障残障人士文化权利,推进无障碍阅读环境建设是图书馆界义不容辞的工作。作为发展和谐社会的一项重要内容,其目标就是要使全社会所有的人,包括残障人士、老年人和儿童,在信息获取和使用上享有均等机会。

本次调查旨在从资源范围、性质及提供模式等角度为中国残疾人数字图书馆建设提供理论依据。问卷共分为两部分,一为对现有中国盲人数字图书馆的评价,一为针对在建的中国残疾人数字图书馆的意见和建议。感谢您的参与!

姓名:　　　　　　　　　职务:

Q1. 您是否浏览过中国盲人数字图书馆网站:

1. 是　　　　　2. 否(请直接从 Q5 开始填答)

Q2. 您认为本网站的结构是否清晰明了,是否适合残障读者使用:

1. 很清晰,十分适合残障读者使用
2. 较为清晰,基本适合残障读者使用
3. 一般
4. 不太清晰,部分残障读者使用有困难
5. 很不清晰,不适合残障读者使用

Q3. 您认为本网站目前的资源是否丰富,是否能够满足残障读者需求:

1. 很丰富,完全能够满足残障读者需求
2. 比较丰富,能够满足残障读者大部分需求
3. 一般,基本满足残障读者需求
4. 不太丰富,较难满足残障读者需求
5. 很不丰富,完全无法满足残障读者需求

Q4. 您认为本网站目前存在哪些不足(可多选):

1. 结构不清晰
2. 栏目层级设置复杂
3. 更新速度慢
4. 页面不美观
5. 无障碍程度不高
6. 资源数量不丰富
7. 资源种类不丰富
8. 其他,请说明__________

Q5. 您认为中国残疾人数字图书馆应该提供哪些内容(可多选):

1. 新闻资讯　2. 电子图书　3. 音乐欣赏　4. 在线讲座

5. 电子期刊、报纸　6. 在线展览　7. 有声读物　8. 学位论文　9. 职业培训教程　10. 图片资料　11. 少儿读物　12. BBS　13. 其他，请说明__________

Q6. 您认为残障读者最需要的资源类别是(可多选)：

1. 新闻资讯类　2. 文化知识类　3. 娱乐休闲类　4. 职业教育类　5. 政治法律类　6. 健康保健类　7. 经济管理类　8. 社会生活类　9. 其他，请说明__________

Q7. 您认为残疾人数字图书馆应采取哪些服务方式(可多选)：

1. 在线阅读
2. 用户个性化定制服务
3. 手机报或电子邮件推送服务
4. RSS 服务
5. 信息帮助检索服务
6. BBS 论坛服务
7. 数字电视等新媒体服务
8. 聋人讲座、盲人“听”电影等到馆特色服务
9. 线上线下的读书会
10. 手持阅读器服务
11. 远程教育
12. 国内外无障碍产品/服务介绍、软件下载
13. 电子书等资源下载
14. “读者信箱”服务，开放读者沟通窗口
15. 其他，请说明__________

Q8. 您认为残疾人数字图书馆应符合下列哪些无障碍要求(可多选)：

1. 所有图片添加文字提示
2. 所有视频添加字幕
3. 提供网站浏览辅助工具
4. 适用于多种读屏软件
5. 设置导盲砖快捷键
6. 页面配色、字体大小可调节
7. 其他，请说明__________

Q9. 为扩大残疾人数字图书馆的影响力，您认为应采取下列哪些推广方式(可多选)：

1. 加强同各级残联的合作，推进分馆建设
2. 与盲人学校等特殊教育机构合作，设立示范点
3. 与大学校园网合作
4. 与商业数据库合作
5. 与广电部门、平面媒体合作，通过媒体宣传
6. 在“全国助残日”、“国际盲人节”等特殊节日举办系列助残活动
7. 其他，请说明__________

Q10. 您认为残疾人数字图书馆是否需要为不同类别残疾人设置专门入口：

1. 是　　　2. 否

Q11. 您认为残疾人数字图书馆网站还可以采取哪些新的技术支持?

Q12. 请留下您对在建的中国残疾人数字图书馆网站的其他意见和建议。

Q13. 您认为残疾人联合会可以为中国残疾人图书馆提供哪些合作?